Découvrez l'histoire par les archives de presse

RETRONEWS

Le site de presse de la BnF

www.retronews.fr

REVUE

DES

ÉTUDES GRECQUES

PUBLICATION TRIMESTRIELLE

DE L'ASSOCIATION POUR L'ENCOURAGEMENT DES ÉTUDES GRECQUES

TOME XVII

—

N° 78

Novembre-Décembre 1904

PARIS

ERNEST LEROUX, ÉDITEUR

28, RUE BONAPARTE, VIe

Toutes les communications concernant la *Rédaction* doivent être adressées à M. Théodore Reinach, rédacteur en chef-gérant, à la librairie Leroux. Toutes celles qui concernent l'*Administration* doivent l'être à M. Henri Lebègue, agent de l'Association, 12, rue de l'Abbaye.

L'Association des études grecques vient d'être cruellement éprouvée par la mort de son président, M. Paul Tannery, décédé à Pantin le 27 novembre 1904. Nous reproduisons ici le discours prononcé à ses obsèques, le 2 décembre, par M. Guiraud, premier vice-président de l'Association.

Messieurs,

« M. Paul Tannery était président de notre association depuis le mois de mai dernier. Il avait été très sensible à cet honneur; mais il en a fort peu joui. Il n'a pu présider que deux de nos séances, et à la rentrée des vacances il n'a plus reparu parmi nous.

« Sa mort est pour notre société une perte grave et, à certains égards, irréparable. Les mathématiciens ne viennent guère à nous ou, s'ils y viennent, c'est pour témoigner de leurs sympathies à une œuvre qui leur demeure étrangère. M. Tannery, au contraire, était tout à fait des nôtres. Ce polytechnicien, cet ingénieur de l'Etat était en même temps un helléniste de premier ordre.

« La Grèce a créé la science ; il est par conséquent essentiel de déterminer jusqu'où ses découvertes se sont étendues dans ce domaine. C'est à cette tâche que notre confrère s'était appliqué. Il était passionné pour cette recherche et il y consacrait presque tous les loisirs que lui laissaient ses devoirs professionnels. Ses articles, dispersés dans une foule de recueils français et étrangers, en particulier dans notre Revue, forment, d'après ses propres évaluations, un ensemble d'environ douze cents pages. Dans les *Notices et Extraits des manuscrits*, il a édité et

commenté plusieurs textes relatifs à l'histoire des mathématiques pendant l'Antiquité et le Moyen âge. Enfin il a
publié trois ouvrages qui sont d'une importance capitale.
Le premier a pour objet l'examen critique des sources de
l'histoire de la Géométrie grecque. Le second, intitulé
Pour la science hellène, est un tableau des connaissances
positives des Grecs et de leurs hypothèses scientifiques
jusqu'au temps d'Hippocrate; l'auteur montre, en outre,
comment dans ce mouvement intellectuel s'introduisirent
en le dénaturant des questions d'ordre métaphysique, dont
les progrès de la science moderne elle-même ne pouvaient
pas amener la solution. Quant au troisième, il contient
l'analyse et la critique des théories grecques sur l'Astro-
nomie; il aboutit à cette conclusion que les savants grecs,
mettant à profit les procédés et les observations fournis
par la Chaldée et y ajoutant leurs découvertes person-
nelles, essayèrent de donner une explication rationnelle
du système du monde, qu'ils atteignirent presque la vérité,
qu'ils devinèrent la conception de Tycho-Brahé, puis
qu'avec Hipparque et Ptolémée, ils revinrent, par un
fâcheux retour en arrière, à la vieille erreur géocentrique

« M. Tannery n'était pas homme à travailler d'après
des ouvrages de seconde main. Il remontait toujours aux
sources, et c'étaient les textes qu'il interrogeait avant tout.
Il possédait à fond la littérature scientifique des Grecs et
il en a traduit une partie, notamment les fragments des
philosophes ioniens. Il a fait plus : l'éditeur de Fermat et
de Descartes a édité aussi pour la collection Teubner les
œuvres du mathématicien Diophante d'Alexandrie, en les
accompagnant d'une traduction latine, et ce travail, d'un
genre tout nouveau pour lui, est la perfection même.

« En somme, dans le champ d'études qu'il s'était tracé,
M. Tannery était un maître éminent. Il réunissait en lui

les qualités du savant, du philosophe, du philologue et de l'historien. A l'étranger, surtout en Allemagne, il était considéré comme un de nos meilleurs érudits. Chez nous on ne lui rendait peut-être pas suffisamment justice. Il est singulier, par exemple, qu'un homme de cette valeur n'ait fait partie d'aucune de nos académies. Tout récemment, quand la chaire d'Histoire générale des Sciences devint vacante au Collège de France, où il avait déjà suppléé pendant cinq ans M. Lévêque dans la chaire de Philosophie ancienne, il fut présenté en première ligne tant par le Collège que par l'Académie des Sciences, et un autre candidat lui fut préféré. Quand il est mort, il pouvait se promettre encore de longues années de vie et de labeur, puisqu'il n'avait que soixante ans, et nul doute que ce temps n'eût été bien employé. Il était en train de préparer une Histoire des Sciences, que seul en France il était capable de mener à bonne fin. La pensée qu'il laisse interrompue une pareille œuvre augmente les regrets que nous laisse sa disparition ».

DISCOURS

PRONONCÉ PAR

M. PAUL TANNERY

PRÉSIDENT ET DÉLÉGUÉ DE L'ASSOCIATION

au banquet de clôture du IIᵉ Congrès international de Philosophie
à Genève (8 septembre 1904).

———

Chacun, dit-on, prêche pour son saint; mais j'en ai au moins deux, ce qui m'oblige à choisir. Je suis venu ici comme historien des sciences; j'ai tâché de n'être ni encombrant ni encombré, et cela doit vous assurer que, surtout à cette heure avancée, je ne fatiguerai pas longtemps votre attention. Mais si j'ai demandé la parole aujourd'hui, c'est comme président annuel de l'Association pour l'encouragement des Études grecques en France.

Et ce n'est pas sans raison que j'ai désiré jouer maintenant plutôt ce dernier rôle; car quand même, malgré le vœu que vous avez émis, l'enseignement de l'histoire des sciences resterait encore longtemps sans être organisé, la philosophie n'en continuerait pas moins à prospérer, ainsi que son histoire, au moins autant qu'elle l'a fait jusqu'ici. Au contraire, que les études grecques s'affaiblissent, non seulement l'histoire de la philosophie, mais la philosophie elle-même se trouveront mutilées.

Or, nous ne devons pas nous dissimuler que, tout récemment, la cause de l'héllénisme a subi en France, du fait d'un changement des programmes universitaires, un échec notable. Je crois bien savoir que nos confrères allemands ne sont guère plus satisfaits que nous de la situation actuelle, ni guère plus rassurés sur l'avenir. Pour les autres pays, je suis moins bien informé ; je ne veux donc pas en parler ; je doute cependant qu'en Italie on soit précisément optimiste.

Eh bien ! permettez-moi de vous dire qu'à mon avis, les défenseurs naturels de l'hellénisme, au nombre desquels nous devons nous compter, nous tous qui nous honorons du titre de philosophes, ont suivi jusqu'à présent une tactique un peu trop défensive, qu'ils ont cédé le terrain un peu trop facilement ; l'heure est venue, je crois, de changer de stratégie et de passer à la méthode... offensive.

Et s'il est opportun de le dire, n'est-ce pas dans ce pays de Suisse, dont la constitution politique est la seule au monde qui puisse nous donner une image de ce qu'était la Grèce antique ? Si l'on peut lever son verre en l'honneur de la pensée grecque, n'est-ce pas dans cette ville de Genève, où les traditions d'érudition sont si fortes, et où nous venons d'éprouver l'ineffable plaisir de retrouver un vieillard du *Dialogue des Lois* et d'entendre la sagesse couler de ses lèvres, en paroles de miel ?

Mais ce mot de pensée grecque évoque surtout en nous l'idée d'une époque unique dans l'histoire, de même que, dans ce pays, en disant les Alpes, nous autres étrangers, nous pensons surtout aux cîmes les plus élevées. Il y a aussi des cîmes dans l'esprit humain, et il faut toujours y revenir, et on y revient toujours, comme au Mont-Blanc ou à la Jungfrau, parce que, chaque fois, elles nous apparaissent sous un nouvel aspect, parce que chaque fois, on est tenté, par un nouveau chemin, à une nouvelle ascension vers la vérité.

Cependant, pour bien connaître un pays, il ne faut pas se borner aux sommets ; il faut descendre les vallées et suivre les fleuves qui découlent de ces origines inépuisables. Je ne veux pas me perdre dans les dédales d'une comparaison, mais je dirai que par la pensée grecque, j'entends celle qui s'est exprimée

par toute la littérature grecque, parce qu'elle est dérivée de la
même source. Et l'on ne doit pas négliger même l'époque
byzantine, qui trop longtemps a été mal appréciée. Si donc mon
ami Ludwig Stein a mis en avant le projet d'éditer un *Corpus
des humanistes byzantins de la Renaissance,* si au Congrès de
Rome, en 1903, je me suis déclaré prêt à concourir, autant que
je le pourrais, à ses efforts, si je suis toujours prêt à le faire,
c'est vous dire que je bois en particulier au succès de son
entreprise, qui devrait rallier tous les hellénistes et tous les
philosophes.

ACTES DE L'ASSOCIATION

14 avril 1904. — Présidence de M. Edm. Pottier, président de l'Association.

Membres décédés : MM. Xydias, d'Athènes, et Cogordan (Georges), directeur des affaires politiques au Ministère des affaires étrangères.

M. P. Tannery fait une communication sur l'histoire du mot ἄπειρον. Il rappelle que ce mot, employé par Anaximandre pour désigner son élément primitif, a été entendu par Aristote dans le sens de *illimité*, mais qu'on s'accorde aujourd'hui pour juger que cette signification est inacceptable, et que le concept d'Anaximandre devait être caractérisé par l'*indétermination*. Pour résoudre les difficultés relatives au passage du sens concret au sens abstrait, M. Tannery remarque que ἄπειρος a deux significations bien distinctes au point de vue étymologique, dérivant l'une de πέρας, l'autre de πεῖρα ; qu'avec la seconde étymologie deux sens sont possibles, l'un actif (*inexpertus*), l'autre passif (*ce qui n'est pas expérimenté*); ce double sens n'est pas constaté historiquement pour ἄπειρος, mais seulement pour un doublet, ἀπείρητος. Néanmoins il admet que c'est dans ce sens passif (*ce qui n'est pas sensible*) qu'Anaximandre a employé le mot ἄπειρον, et il essaie de montrer que cette interprétation s'adapte au mieux avec ce que l'on sait des idées de cet antique physiologue.

M. Étienne Michon montre au Comité différentes photographies d'une statuette de style attique appartenant au Musée du Louvre. Il en examine le style et en recherche la date. Ses conclusions tendent à placer cette statuette dans la série des Κόραι archaïques de l'Acropole, mais à la fin de cette série.

M. Omont donne lecture d'une note sur les portraits de différents membres de la famille des Comnène, peints au xiv° siècle en tête du *Typicon* de Notre-Dame de Bonne-Espérance de Constantinople, conservé aujourd'hui dans la bibliothèque du collège de Lincoln, à Oxford.

Séance générale du 5 mai 1904. — Présidence de M. Edm. Pottier, président de l'Association.

M. Pottier rappelle les pertes qu'a subies l'Association dans le cours de l'année écoulée : il énumère les titres qui recommandaient ces confrères défunts à la sympathie et à l'estime de tous ; il insiste, en particulier, sur les regrets qu'a causés la mort de MM. Emile Legrand et Ouvré, parmi les hellénistes de profession, de MM. Larroumet et Cogordan, parmi les hommes de lettres ou les hommes politiques qui s'intéressent aux choses de la Grèce. Enfin il rend hommage au caractère et au talent de l'homme supérieur que l'Association comptait au nombre de ses anciens Présidents, M. Gréard. La vie même des savants ou des lettrés qui se sont fait du culte de la Grèce une sorte de religion témoigne de la vertu intime de l'hellénisme : cet idéal de raison et de beauté, qui s'impose à l'admiration de tous, est en même temps pour quelques-uns comme un principe de vie et d'action.

Le secrétaire présente, au nom de la Commission des prix, le rapport sur les travaux et concours de l'année. Le prix Zographos a été partagé entre MM. Carra de Vaux et de Ridder, auteurs, l'un d'un ouvrage intitulé *Le livre des appareils pneumatiques et des machines hydrauliques* de Philon de Byzance, l'autre du *Catalogue des vases peints de la Bibliothèque nationale*. Le prix Zappas a été attribué aux publications du Σύλλογος πρὸς διάδοσιν ὠφελίμων βιϐλίων. Enfin deux médailles d'argent ont été accordées, l'une à M. Stickney, pour son livre sur *Les sentences dans la poésie grecque*, l'autre à M. Colardeau, pour son étude sur *Épictète*.

M. Egger, trésorier, donne lecture, au nom de la Commission administrative, du rapport sur l'état des finances de l'Association.

Dans une causerie familière, M. Roujon, secrétaire perpétuel de l'Académie des Beaux-Arts, entretient l'assemblée des deux voyages qu'il a faits, comme directeur des Beaux-Arts, en 1902 et en 1903, à Athènes et à Delphes. Il rappelle les conseils affectueux des amis qui depuis longtemps l'engageaient à faire ce double pèlerinage, et il exprime les sentiments et les souvenirs qu'il en a rapportés. Il évoque surtout la journée du 2 mai 1903, où fut inauguré le Musée de Delphes, et, sans énumérer les magnifiques résultats des fouilles françaises, il décrit, en quelques mots, les différentes scènes qui se déroulèrent dans le cours de cette inoubliable journée.

Le scrutin est ouvert pour le renouvellement du bureau et du tiers sortant des membres du Comité. Il est clos bientôt après. En voici les résultats :

M. Paul Tannery, 1er Vice-Président pour l'année 1903-1904, devient de droit Président pour 1904-1905.

Sont élus : 1er Vice-Président, M. P. Guiraud.

      2e Vice-président, M. Babelon.

      Secrétaire, M. Am. Hauvette.

      Secrétaire-adjoint, M. Puech.

      Trésorier, M. Egger.

Membres du Comité : MM. Pottier, Bikélas, Diehl, Foucart, Héron de Villefosse Saglio, Fougères.

2 juin 1904. — Présidence de M. P. Tannery, président de l'Association.

Le Président adresse, selon l'usage, les remerciements de l'Association à M. Pottier, et rappelle qu'un deuil cruel n'a pas empêché le Président sortant de se dévouer, dans ces derniers mois, avec un zèle infatigable, aux nombreuses besognes de sa charge. M. Tannery souhaite de faire plus ample connaissance pendant l'année qui va s'ouvrir avec ceux qui sont pour lui les nouveaux venus dans l'Association; il rappelle le temps où, jeune lui-même, il ne craignait pas d'aborder les anciens dans cette enceinte; il souhaite de ne pas sentir l'isolement qui menace de venir avec les années. Pour donner aux séances, si c'est possible, plus d'intérêt, le Président propose une mesure d'ordre, bien simple, et qui pourrait être féconde : il s'agirait d'ouvrir les séances à 4 h. 1/4 précises, et de permettre, après la lecture du procès-verbal, de revenir sur les communications de la séance précédente ; à cette occasion, les membres du Comité pourraient apporter certains textes ou certaines observations qui ne se seraient pas d'abord présentés à leur esprit. Il ne faudrait pas rouvrir les discussions ; mais il pourrait être intéressant de les compléter après réflexions. « Je suis persuadé, ajoute le Président, qu'avec la modération et la juste mesure qui sont l'apanage de l'hellénisme, cette tentative d'innovation ne présentera point d'inconvénients réels et ne nuira point à l'ordre du jour. »

Membres nouveaux : MM. Meylan-Faure, Albert Bleu, Raymond Diricq.

Le Président donne connaissance d'une lettre, en date du 6 mai 1904, par laquelle M. le Préfet de la Seine demande copie de la délibération prise par le Comité sur la réclamation formée par les héritiers de M. Pélicier au sujet du legs destiné à l'Association.

Il remarque qu'en fait la délibération du 22 février, par laquelle le Comité a accepté le legs en question, ne conclut pas formellement au rejet de la réclamation des héritiers, quoique à ce moment elle fût connue du Comité, le Préfet de la Seine l'ayant signalée à l'Association dans sa lettre du 11 février 1904. En tout cas, il est nécessaire de prendre une nouvelle délibération à ce sujet.

MM. d'Eichthal et Vasnier, membres de la Commission administrative, rappellent brièvement les renseignements recueillis en février sur la situation de fortune des héritiers et les motifs qui ont décidé le Comité à passer outre à leur opposition en acceptant le legs Pélicier.

La discussion étant close, le Comité décide à l'unanimité : 1° qu'il rejette la réclamation présentée par les héritiers de M. Pélicier; 2° que copie de la délibération qui vient d'être prise sera transmise à M. le Préfet de la Seine par les soins du Bureau, avec prière de vouloir bien donner suite favorable aux dispositions testamentaires de M. Pélicier en ce qui concerne l'Association.

M. Bodin pose la question de savoir, maintenant que le Concours général est supprimé, quelles sortes d'encouragements l'Association pourra donner à l'étude du grec dans l'enseignement secondaire. Le Comité décide de nommer, à cet effet, une Commission spéciale, composée du Bureau, des membres de la Commission administrative, des anciens Présidents, et de douze membres choisis parmi les professeurs des Lycées de Paris. Cette Commission se réunira le samedi 11 juin à la Bibliothèque.

M. Bréal étudie le caractère et le rôle d'Athéna dans l'*Iliade*. Il prend pour point de départ de sa démonstration l'épithète ἀγελείη, qu'il rattache, non pas à ἀγέλη, *troupeau*, mais à λεία. *butin*. Athéna est une déesse guerrière, perfide, qui aime à faire le mal, et qui n'a rien encore des qualités que la mythologie prête à la déesse des arts et de la paix. A ce propos, M. Bréal examine la nature des récits mythologiques dans Homère, et il en tire la preuve que ces récits avaient pour objet, non d'instruire des croyants, mais d'amuser, de délasser une société déjà raffinée, pleine de goût pour les historiettes piquantes, fût-ce aux dépens des dieux. Aussi bien tout le poème, surtout à partir du xi° livre, contient-il la description minutieuse d'institutions militaires fort avancées. Le régime social que décrit l'*Iliade* présente aussi certains caractères assez modernes, et il en est de même de la langue. Rien n'est plus faux que de vouloir, comme Leconte de Lisle, faire des Grecs d'Homère des espèces de sauvages. Il y a en quelque sorte plus de vérité historique dans la traduction de Mme Dacier.

M. Pottier se demande comment, dans cette hypothèse, la déesse guerrière s'est transformée en déesse de la paix. Athéna Ergané est fort ancienne. M. Pottier estime que, dans l'*Iliade*, Athéna est, non malfaisante, mais rusée et admirée comme telle.

M. Th. Reinach communique une inscription récemment découverte dans l'île d'Ios, et qui lui a été envoyée par M. Contoléon. Elle renferme un décret honorifique pour Zénon, lieutenant de l'amiral Bacchon, lequel est un personnage connu d'ailleurs.

M. Th. Reinach présente encore quelques observations au sujet d'un texte qu'il a copié dans l'île de Chypre et qui mentionne un rabbin juif.

7 juillet 1904. — Présidence de M. P. Tannery, président de l'Association.

Le Président rend compte des travaux de la Commission nommée dans la séance du 2 juin, et chargée de déterminer la nature et les conditions des encouragements à accorder à l'étude du grec dans les établissements d'enseignement secondaire. La Commission a rejeté deux propositions, qui tendaient, l'une, à rétablir par les soins de l'Association une sorte de concours général pour le grec, l'autre à faciliter les études grecques des professeurs de l'enseignement secondaire, par l'envoi d'ouvrages spécialement choisis à cet effet. Elle a adopté une mesure qui consiste à offrir, dans chacun des lycées et collèges de Paris où se donne l'enseignement du grec, des prix et des médailles aux élèves les plus méritants, de la manière suivante : à la fin du premier cycle, un *prix* à l'élève de 3º qui aura obtenu les meilleures notes en grec pendant ses deux premières années d'études (classes de 4º et de 3º), et à la fin du 2º cycle, une *médaille* à l'élève de première qui aura obtenu les meilleures notes en grec pendant ses deux dernières années d'études (classes de 2º et de 1ʳᵉ). Ce projet a été soumis à M. le Vice-Recteur de l'Académie de Paris, qui l'a pleinement approuvé.

MM. Egger et Th. Reinach demandent que la mesure adoptée pour cette année puisse être modifiée dans l'avenir, de façon à encourager l'étude du grec dans les lycées et collèges des départements.

Membre nouveau : M. Hantz (Henri).

M. G. Fougères entretient le Comité de la visite qu'il a faite, pendant les vacances de Pâques, grâce à la croisière organisée par la *Revue générale des sciences*, aux fouilles de Cnossos et de Phæstos en Crète, de Lindos à Rhodes, et de Théra. Il passe en revue les principaux résultats de ces fouilles, et signale en passant l'intérêt historique ou archéologique qu'ils présentent.

MM. Th. Reinach, Michon et Pottier échangent à ce sujet diverses observations.

3 novembre 1904. — Présidence de M. Paul Guiraud, vice-président de l'Association, en l'absence de M. Tannery, indisposé.

Membres décédés : MM. Antrobus, Paul Glachant, Poitrineau, Stickney et G. Wescher.

Membres nouveaux : MM. Paul Gaudin, Lefebvre (Gustave), Papadopoulos Kerameus, Martini (Edgar).

Membre donateur : Sa Majesté le Roi de Grèce a bien voulu accepter le titre de membre donateur, et offrir à l'Association une somme de 1,000 francs.

M. Babelon fait une communication sur les origines de la monnaie à Athènes. Il examine d'abord les traditions littéraires de l'antiquité, et montre qu'elles sont unanimes à attribuer à Athènes des monnaies ayant des types autres que ceux de la tête casquée d'Athéna et de la chouette, et plus anciennes que ces dernières. C'est aussi ce qui ressort de l'étude de la réforme monétaire de Solon. La monnaie d'Égine abondait, sans doute, sur le marché d'Athènes, mais comme monnaie étrangère et concurremment avec la monnaie nationale, qui était, dès avant Solon et de son temps, non de poids éginétique, mais de poids euboïque. L'étude approfondie du chapitre x de la *République athénienne* d'Aristote conduit M. Babelon aux conclusions suivantes : Solon réforma à Athènes le système monétaire euboïque, de telle sorte que la drachme devînt plus lourde que la drachme éginétique ou phidonienne. La drachme éginétique pèse effectivement de 6 gr. 50 à 6 gr. 25 ; son aloi inférieur fit que, par rapport à la monnaie athénienne dont le titre fut toujours excellent, on ne l'évalua à Athènes qu'à 6 gr. 11. Solon donna le nom de drachme à la pièce du système euboïque qui pèse 8 gr. 73 (ancien didrachme); la mine monétaire solonienne fut ainsi de 873 grammes. On voit ainsi que les poids de la drachme et de la mine soloniennes furent le double du poids de la drachme attique (4 gr. 36) et de la mine attique (436 gr.) ordinaires. — M. Babelon reconnaît les monnaies présoloniennes et soloniennes dans un groupe abondant de monnaies primitives qui pèsent effectivement 8 gr. 73. Ces pièces anépigraphes, aux types de la chouette, de l'amphore à huile, de l'osselet, de la roue, du cheval, de la tête de bœuf sont couramment trouvées en Attique. Les monnaies au type de la tête d'Athéna au droit, de la chouette au revers, ont été inaugurées seulement par Pisistrate vers 550 ; le système de la drachme de 4 gr. 36, qui devait toujours persister à Athènes dans la suite, fut repris par Hippias.

M. Th. Reinach conteste quelques-uns des arguments sur lesquels se fonde la théorie de M. Babelon.

M. Am. Hauvette donne lecture d'une note sur un nouveau fragment du *Monument d'Archiloque* (*Inscr. Graec.*, XII, V, 445) découvert dans les papiers de Bœckh, aux archives de l'Académie de Berlin. C'est une copie de Coumanoudis, faite à Paros en 1849, d'après une pierre qui présentait exactement la même disposition matérielle que le fragment publié par M. Hiller von Gärtringen. Gravée sur quatre colonnes, l'inscription de Coumanoudis, aujourd'hui disparue, semble bien avoir fait suite au texte des *Inscr. Graec.*; elle contenait, à côté de fragments d'Archiloque aujourd'hui indéchiffrables, une épigramme métrique en l'honneur du personnage qui avait fait ériger le monument, Sosthénès fils de Prosthénès. Ce personnage est connu par plusieurs autres inscriptions de Paros, du 1er siècle avant notre ère.

1er décembre 1904. — Présidence de M. Paul Guiraud, vice-président de l'Association.

Membres décédés : MM. Jules de Chantepie et H. Wallon.

 ACTES DE L'ASSOCIATION

Mort de M. Paul Tannery, président. — Déjà malade lors de la dernière séance du Comité, M. Tannery a succombé le Dimanche 27 novembre; ses obsèques auront lieu le vendredi 2 décembre, à l'église de Pantin. M. Guiraud fait savoir que l'Association sera représentée à cette cérémonie par les membres du Bureau, qui déposeront une couronne. Il donne ensuite lecture d'une notice sur l'œuvre scientifique de M. Tannery, et propose de lever la séance en signe de deuil.

Le Secrétaire,
Am. HAUVETTE.

OUVRAGES OFFERTS A L'ASSOCIATION

dans les séances d'avril à décembre 1904.

CARRA de VAUX, **Les Mécaniques** ou l'**Élévateur** d'Héron d'Alexandrie, publiées pour la première fois sur la version arabe et traduites en français, Paris, Imprimerie nationale, 1894.

BORENIUS (E. E.), **De Plutarcho et Tacito inter se congruentibus,** Helsingforsiae, 1902.

JAKKOLA (K.), **De praepositionibus Zosimi questiones,** diss. acad., Arctopoli, 1903.

REIN (Io. Ed.), **De Æaco,** questiones mythologicae, Helsingforsiae, 1903.

KRUMBACHER (K.), **Die Akrostichis in der griechischen Kirchenpoesie,** München, 1904.

PSICHARI, 'Ρόδα καὶ μῆλα, t. II, Athènes, 1903.

BOHLER (Aug.), **Sophistae anonymi protreptici fragmenta instaurata, illustrata,** diss. inaug. de Strasbourg, Lipsiae, 1903.

DIHIGO (Dr Juan Miguel), **Elogio del Dr Nicolas Heredia y Mota,** Habana, 1902.

Πρακτικὰ τῆς ἐν 'Αθήναις ἀρχαιολογικῆς ἑταιρείας, 1902, Athènes, 1903.

Mémoires de la Société des Antiquaires de France, VIIIe série, t. II, Mémoires de 1901 (Paris, Klincksieck, 1903).

CHAPOT (V.), **La province romaine proconsulaire d'Asie,** Paris, 1904.

APOSTOLIDÈS (B.), Γλωσσικαὶ μελέται, Le Caire, 1904.

TANNERY (P.), **Sur le symbole de soustraction chez les Grecs** *(Bibliotheca mathematica,* Leipzig, 15 mai 1904).

MAZON (Paul), **Essai sur la composition des comédies d'Aristophane,** Hachette, 1904 (thèse de doctorat).

MAZON (Paul), Aristophane, **La Paix,** édition avec introduction et notes, Hachette, 1904 (thèse de doctorat).

BLINKENBERG et KINCH, **Deuxième rapport sur l'exploration archéologique de Rhodes** (fondation Carlsberg).

BIKÉLAS, Γυναικεία ἀγωγή, Athènes, 1904.

Conférences faites au Musée Guimet, 1903-1904.

Le Jubilé du Musée Guimet, 25e anniversaire (1879-1904).

Εὑρετήριον τῆς ἀρχαιολογικῆς ἐφημερίδος τῆς τρίτης περιόδου, συνταχθὲν ὑπὸ Α. Λαμπροπούλου, t. I, 1883-1887, Athènes, 1902.

De RIDDER (A.), Collection de Clercq, t. III. **Les bronzes,** 1er fascicule, Paris, Leroux, 1904, in-4°.

SVORONOS, Νομίσματα τοῦ κράτους τῶν Πτολεμαίων, Athènes, 1904.

HATZIDAKIS, Ἀκαδημεικὰ ἀναγνώσματα, t. B, Athènes, 1904 (Bibliothèque Marasly, fasc. 225-228).

GLOTZ, **L'ordalie dans la Grèce primitive,** Paris, 1904, in-8.

— **La solidarité de la famille dans le droit criminel en Grèce,** Paris, 1904.

PALLIS, Ἡ Ἰλιάδα μεταφρασμένη, Liverpool, 1904.

VENDRYES,, **Traité d'accentuation grecque,** Paris, Klincksieck, 1904, in-12.

XANTHOUDIDIS, Ἐκ Κρήτης (tirage à part de l' Ἐφημερὶς ἀρχαιολο-γικὴ).

OMONT, **Le cabinet d'antiquités de Saint-Germain-des-Prés** (extrait du *Recueil de mémoires,* publié par la *Société des Antiquaires de France,* à l'occasion de son centenaire, 1904).

HATZIDAKIS, Γραμματικὰ ζητήματα (extrait).

ZISIOS, Ἔκθεσις τοῦ γλωσσικοῦ διαγωνισμοῦ τῆς ἐν Ἀθήναις γλωσσικῆς ἑταιρείας.

TAUBLER, **Die Parthernachrichten bei Josephus,** diss. inaug., Berlin, 67 p. in-8.

VENDRYES, **L'accent de** ἔγωγε et la loi des périspomènes en Attique, (extrait).

— **Une loi d'accentuation grecque, l'opposition des genres** (extrait).

DIEUDONNÉ, **Du classement des monnaies grecques** (extrait).

ADAMANTIOS, Βυζαντινὸν Μουσεῖον ἐν Παρισίοις (extrait).

BÉIS, Οἱ Χαμάρετοι (extrait).

. — Μεσσηνίας χριστιανικαὶ ἐπιγραφαί (id.)

— Κατάλογος τῶν χειρογράφων κωδίκων τῆς ἐν Θεράπναις μονῆς τῶν ἁγίων τεσσαράκοντα.

— Τοῦ Μυζηθρᾶ τὸ κάστρο (extrait).

BELLOS, Ἀλβανικὰ ἢ αἱ τρεῖς ζῶσαι διάλεκτοι τῆς ἑλληνικῆς γλώσσης (extrait du Παρνασσός).

DUCATI (Pericle), **Brevi osservazioni sul ceramista attico Brigo** (extrait de la *Rivista di Storia antica*).

KRUMBACHER, **Eine neue Handschrift des Diogenis Akritas** (extrait des *Sitzungsber. Bayer. Akadem.*).

REINACH (Th.), **Les études classiques,** discours prononcé à Chambéry.

Revues et périodiques divers.

BIBLIOGRAPHIE ANNUELLE

DES

ÉTUDES GRECQUES

(1901-1902-1903)

PAR CH.-ÉM. RUELLE

N. B. — *Les articles dont le format n'est pas indiqué sont in-8°;*
ceux qui ne portent pas de date ont été publiés en 1902.

ABRÉVIATIONS

Ἀθ. Ἀθηνᾶ.
At. e R. Atene e Roma.
A. G. Ph. Archiv f. Geschichte der Philosophie. N. F.
Ἁρ. Ἁρμονία.
B. C. H. Bulletin de correspondance hellénique.
Byz. Z. Byzantinische Zeitschrift.
Cl. R. The classical Review.
f. für.
H. Hermes.
J. Journal.
J. H. S. Journal of Hellenic studies.
M. A. I. Mitteilungen des deutschen archäol. Institutes. Athenische Abteilung.
M. R. I. Mitteilungen, etc. Römische Abteilung.
Mn. Mnemosyne. N. S.

N. J. Alt. Neue Jahrbücher für das classische Altertum.
Ph. Philologus, N. F.
R. Revue.
R. Arch. Revue Archéologique.
R. E. G. Revue des études grecques.
R. Ph. Revue de Philologie.
Rh. M. Rheinisches Museum. Neue Folge.
S. Ac. I. Séances de l'Acad. des Inscr. et B.-L.
S. M. Ak. Sitzungsberichte der philos.-philol. und histor. Classe der Bayrischen Akademie der Wissenschaften, zu München.
S. Pr. AK. Sitzungsb. d. K. Preuss. Ak. der W.
S. W. AK. Sitzungsb. der Wiener Ak. d. W.
W. St. Wiener Studien.
Z. Zeitschrift.

I. — GÉNÉRALITÉS. — ENSEIGNEMENT DU GREC. — MÉLANGES. — BIOGRAPHIES DE SAVANTS.

Album gratulatorium in honorem Henrici van Herwerden propter septuagenariam aetatem munere professoris, quod per xxxviii annos gessit, se abdicatis. Trajecti ad Rh., Kemink, iv, 260 p.

Beiträge zur klassischen Philologie. Herrn Prof. Dr Alfred Schöne... dargebracht von seinen Schülern. Kiel, Cordes, 1903, 43 p. 1 M. 50 Pf.

Bibliotheca philologica classica. Index periodicorum, dissertationum, commentationum vel seorsum vel in periodicis expressarum recensionum. Vol. XXIX, 1902. Lipsiae, O. R. Reisland.

Breslauer philologische Abhandlungen. VIII. Breslau, Marcus.

Untersuchungen zur älteren griechischen Prosalitteratur mit Beiträgen von *K. Emminger, H. Kullmer, Val. Schneider, M. Vogt*, hrsg. von *Engelb. Drerup*, Wilhelm von Christ zum 70. Geburtstage dargebracht. (Jahrhbb. f. class. Philol. 27. Suppl. Bd. 2 and 3.) Leipzig, Teubner. 7 et 13 M.

Dissertationes Halenses, vol. XVI. Halle, Niemeyer.

Festbundel, Prof. Boot. Wetenschappelijke bijdragen den 17den Augustus Prof. Dr J.-C.-G. Boot aangeboden bij gelegenheid van zijn negenstigsten geboortsdag door eenige vrienden en oudlerdingen. Leiden, Brill, 1901, in-4.

Studies in honour of Basil L. Gildersleeve. Baltimore, J. Hopkin Press, ix, 317 p.   6 doll.

Fetschrift Theodor Gomperz dargebracht zum siebenzigsten Geburtstage am März 1902, von Schülern, Freunden, :Collegen. Wien, Hölder, 499 p.

Mélanges Perrot. Recueil de mémoires concernant l'archéologie classique, la littérature et l'histoire anciennes, dédié à Georges Perrot, à l'occasion du 50e anniversaire de son entrée à l'Ecole normale supérieure. Paris, Fonte-moing, in-4, 349 p. avec 1 portrait en héliogravure, 5 pl. hors texte en photo-typie et 36 illustr. dans le texte.

Pauly-Wissowa, Realencyclopädie der class. Altertumswissenschaft, Neue Bearbeitg, 7. und 8. Halbbd. Stuttgart, Metzler.

Symbolae in honorem prof. Dr L. Cwiklinski quinque lustris magisterii in Universitate litterarum Leopolitana peractis, collectae ab amicis discipulisque, qui olim ipso magistro optimo utebantur. Leopoli, Gubrinowicz et Schmidt.

Enseignement du grec et histoire des études helléniques.

ANDREW, S. O., Greek versions of Greek prose composition. London, Mac-millan.   5 sh.

BACON, Roger, The Greek Grammar of Roger Bacon and a fragment of his Hebrew grammar; edited from the manuscripts with introduction and notes, by *Edm. Nolan* and *S. A. Hirsch.* Cambridge, University press, lxxv, 212 p.   12 sh.

BERNARDI, A. A., Pro e contro il greco nel secolo XV. (At. e R., nr. 43-44, p. 661-664.)

BERTRAND, L., La fin du classicisme et le retour à l'antique dans la seconde moitié du xviiie siècle et les premières années du xixe, en France. Paris, Hachette, xvi, 425 p.   3 fr. 50.

BORNECQUE, L'enseignement des langues anciennes et modernes dans l'en-seignement secondaire des garçons en Allemagne. Paris, Impr. nat., 80 p.

BRUHN, E., Hilfsbuch für den griechischen Unterricht nach dem Frankfurter Lehrplan. Berlin, Weidmann, 1903.   4 M. 40 Pf.

COLLARD, F., Les nouveaux programmes prussiens, ou le latin et le grec en Prusse. Tournai, Decalonne-Liagre, 32 p.

— Le rajeunissement du grec. Bruges, de Haene-Bossuyt, 41 p.

COLLINS, J. Ch., Had Shakespeare read the Greek tragedies ? (The fortnightly Review, 1903, april.)

DRUECK, Th., Griechisches Uebungsbuch für Sekunda. 2. Aufl. Stuttgart, Bonz, x, 132 p.   2 M.

FLAGG, J., A writer of Attic prose. Models from Xenophon. New-York, Ame-rican Book Co., vii, 221 p.   1 Doll.

GEBHARD, Das griechische Lesebuch von U. von Wilamowitz-Möllendorff und die neuen preussischen Lehrpläne. (Beil. z. Münchner allg. Ztg., 1902, nr. 210.)

HELM, R., Griechischer Anfangskursus. Uebungsbuch zur ersten Einführung Erwachsener ins Griechische, besonders für Universitäts-kurse, nebst Präpa-rationen zu Xenophon, Anab. I, und Homer, Od.- IX. iv, 80 p. mit 5 Taf.

HERMANN, E., Zum griechischen Unterricht in der Untertertia. (Z. f. d. Gymnasialschulwesen. 1902, 7, p. 424-425.)

KLEIST, H. von, Beispiele zur Lehre von den Satzarten im Griechischem, etc. Anhang zu dem griech. Uebungsbuche von Spiess-von Kleist, Essen, Baedeker, 20 p.

KROMAYER, K., Gedanken über die Gestaltung des griechischen Unterrichts bei Einführung des griechischen Lesebuchs von U. von Wilamowitz. (N. J. A., 1902, 5, 2. Abt. p. 270-284.)

LEBÈGUE, H., Exercices grecs (progr. de 1902, cl. de seconde), ouvrage composé par M. H. Lebègue sous la direction de M. *H. Goelzer*. (Livre du maître.) Paris, A. Colin, 112 p.   1 fr. 50 c.

MEYER, W., Henricus Stephanus über die Regii typi. (Abhandlgn. d. kgl. Ges. d. Wiss. zu Göttingen, phil.-hist. Kl. N. F. VI, 2.) Berlin, Weidmann, 32 p. 2 Taf.

MUELLER, Fr., Zum alt-sprachlichen Unterricht. (Berliner philol. Woch., 1903, nr. 10, p. 316-319). (Comptes rendus de publications relatives à la grammaire grecque.)

MUTZBAUER, Bemerkungen über den Wert des Lateinischen und Griechischen für die Erziehung auf dem humanistischen Gymnasium. (Das humanist. Gymnasium, 1903, 1-2, p. 55-63.)

OMONT, H., Le premier professeur de langue grecque au Collège de France : Jacques Toussaint (1529). (R. E. G., 1903, nr. 71, p. 417-419.)

PATZKER, A., Griechische Elemente in Schillers Dichtungen. (Proceed. of Amer. philol. Assoc., XXXII, p. LXVI.)

PHILLIMORE, J.-S., Aus der Praxis des griechischen Unterrichts in Westminster School. (Das humanist. Gymnasium, 1903, 1-2, p. 52-55.)

ROEMER, G., Griechisches Uebungsbuch für die IV. und V. Klasse. Bamberg, Duckstein.   3 M.

SCHNEIDER, St., Reformpläne des griechischen Unterrichts. (Museum, XVIII, 3, p. 166-174; 4-5, p. 269-274.)

SCHŒTTLE, Vorschläge für eine Umarbeitung von Grafs Griechischen Materialien. (Korrespondenzblatt f. d. Gelehrten... Württembergs, 1902, 9, p. 321-326; 10, p. 361-365.)

THOMSON, C. L., Tales from Greek, arranged for children. Illustr. by *H.* and *J. Stratton.* London, Marshall, 164 p.   1 sh.

TOSI, T., Chenier e il classicismo. (At. e R., nr. 49-50, p. 23-39.)

WEISSENFELS, O., Ein neues griechisches Lesebuch. [Wilamowitz-Möllendorff, gr. Lesebuch.] (Z. f. d. Gymnasialschulwesen, 1902, 6, p. 353-367.)

WESENER, P., Griechisches Lesebuch für den Anfangsunterricht. Leipzig, Teubner, 1903, IV, 88 p.   1 M. 40 Pf.

WILAMOWITZ-MŒLLENDORFF, U. von, Der Unterricht im Griechischen. (In : Die Reform des höh. Schulwesens in Preussen, Halle, Waisenhausbuchhdlg., p. 157 u. ff.)

WOTKE, K., Der griechische Unterricht nach Ulrich von Wilamowitz-Möllendorff's Vorschlägen. (Oesterr. Mittelschule, Jahrg. XVI, p. 10-20.)

WRIGHT, C. E., The abolition of compulsory Greek in Germany. (Educational Review, 1902, june.)

ZUSCHLAG, H., Der versetzte Griechisch-Schüler. Für Schüler der Klassen Untertertia bis Oberprima einschliesslich bearb. Leipzig, Jacobi und Zocher, 84 p.

Biographies de savants.

BOECKH. Briefwechsel zwischen Boeckh und Schömann über Schömanns Schrift De Comitiis Atheniensium, hrsg. von *M. Hoffmann.* (Z. f. Gymnasialw., 1903, 1, p. 41-57.)

CHAUVIN, V., et **A. ROERSCH.,** Une lettre inédite de Nicolas Clénard. (Le Musée Belge, VI, 4, p. 330-343.)

CURTIUS, E., Ein Lebensbild in Briefen. Hrsg. von *Fr. Curtius*, mit e. Bildnis in Kupferätzung. Berlin, Springer, 1903, XI, 714 p.   10 M.

Erinnerung an Ernst Curtius geb. 2, IX, 1814, gestorb., 11, XII, 1896. Leipzig, Reisland, 32 p., mit Bildnis. 1 M.

FRITSCH, A., Franz Rudolf Eyssenhardt. Necrolog. (Bursians Jahresb., 1902, 11-12, 4. Abt., p. 92-99.)

HECK, K., Simon Simonides. Sa vie et ses œuvres. (En polonais.) (Mém. de l'Acad. des Sc. de Cracovie, XXXIII, p. 188-345.)

IMMISCH, O., Erwin Rohde. (N. J. Alt., 1902, 10, 2. Abt., p. 521 et ss.).

REITER, S., August Boeckh (1785-1867). (N. J. Alt., 1902, 6-7, 1 Abt., p. 436-458.)

VALOIS, N., Notice sur la vie et les travaux de M. Jules Girard. (S. Ac. I, 1902. 11-12, p. 674-711.)

WALLON, H., Notice sur la vie et les travaux de M. Jacques Auguste Adolphe Regnier. (S. Ac. I, 1902, p. 604-647.)

WINTERNITZ, M. F., Max Müller. Necrolog. (Bursians Jahresber., 1902, 8-9, 4 Abt., p. 7-39.)

II. — Histoire littéraire.

ARCHIBALD, H. T., The fable in Archilochus, Herodotus, Livy and Horace. (Proceed. of Amer. philol. Assoc., vol. XXXIII.)

BEER, L., Talmud und Hellenentum. (Die Nation, Jahrg. XX, nr. 15-16.)

Biographia antiqua. Bitterfeld, F. E., Baumann, 1903.

BUECHELER, F., Conjectanea. (Rh. M., LVII, 3, p. 321-327,)

ERMATINGER, E., Altgriechische Artistenlyrik. (Die Zeit, Jg.. XXXIV, nr. 439.)

FLAGG. — Voir Section V, Xénophon.

FOWLER, H. N., A history of ancient Greek literature. New-York, Appleton, in-12, x, 501 p.

HEIBERG, J. L., Den graeske og den romerske litteratur, historie in omride. Copenhague, Gyldendal, 171 p.

HERZOG, R., Zur Geschichte des Mimus. (Ph., XVI, 1, p. 35-38.)

HEGEDÜS, I., A görög irodalom szelleme és Korszakai. (Egyet. philol. Kösl., 1903, 1, p. 1-15.)

KOHUT, A., Aphrodite und Athene. Psychologische Litteratur-und Kulturgeschichtliche Plaudereien und Federzeichnungen. Leipzig, Schreck, v, 296 p. 4 M.

LEGRAND, Ph. E., Pour l'histoire de la comédie nouvelle (R. E. G., nov.-déc. 1902, p. 357-379; juillet-oct. 1903, p. 349-374).

PAPAVASSILIOU. Κριτικαὶ παρατηρήσεις. Α΄ : εἰς τοὺς ἑλληνικοὺς παπύρους. 1 ; Μεν. Περικειρομ. 2 : Ἀριστοφ. Θεσμοφ. 3 : παπ. Βερολ. (Ἀθ., XIV, 1-2. p. 138-147.)

PARISOTTI, Scritti varii di filologia.

PASELLA, P., La poesia convivale dei Greci. Livorno, 1901, 61 p.

PISCHINGER, A., Der Vogelgesang bei den griechischen Dichtern des klassischen Altertums. Ein Beitrag zur Würdigung des Naturgefühls der antiken. Poesie. Progr. Eichstätt, 1901.

REICH, M., Der Mimus. Ein litterar-entwickelungsgeschichtlicher Versuch. I. Bd., 2 Teile. Berlin, Weidmann, 1903, xii, 900 p. mit 1 Taf. 24 M.

RIBEZZO, F., Nuovi studi sulla origine e la propagazione delle favole indo-elleniche, communamente dette esopiche.

RIZZO. — Voir Section XII.

THIELE, G., Die Anfänge der griechischen Komödie. (N. J. Alt., 1902, 6-7. 1. Abt., p. 405 et ss.)

VOGEL, Fr., Analecta. Progr. Furth, Limpert, 56 p.

VOGEL, A., Alt-Klassischer Dichterhain. Eine Auswahl der bekanntesten Stellen aus gr. und lat. Dichtern für realistisch gebildete Leser, etc. 1. Griechische Dichter. Langensalza, Schulbuchh., VI-275 p.   4 M.

III. — PHILOSOPHIE.

ADAMS, T., Texts to illustrate a course of elementary lectures on Greek philosophy after Aristotle. London, 70 p.

COMPARETTI, D., Frammento filosofico, da un papiro greco-egizio. (Fetschrift f. Gomperz, p. 80-89.)

FABRE, J., La pensée antique, de Moïse à Marc-Aurèle. Paris, Alcan, IV, 367 p.

FLIPSE. — Voir SECTION VIII.

G., E. E., The makers of Hellas : critical inquiry into the philosophy and religion of ancient Greece. Introd., notes, conclusion, by *F. B. Jevons.* London, Griffin, 1903, 742 p.   10 sh. 6 d.

GOMPERZ, Th., Greek thinkers. A history of ancient philosophy. Vol. 1. Translated by *L. Magnus.* London, Murray, 1900, xv, 610 p.

— Zur Chronologie des Stoikers Zenon. (Akad. Wien, 1903.)

— Voir SECTION V, PLATON.

HOLSTEN, R., Die Bedeutung des VII. Jahrhunderts für die Entwickelung der sittlichen Anschauungen der Griechen. Progr. Stettin, 1903, 27 p.

LORTZING, Fr., Bericht über die griechischen Philosophen vor Sokrates für die Jahre 1876-1897. (Bursians Jahresb., 1902, 4-5, 1. Abt., p. 132-322 ; 1903, 1, 1. Abt., p. 1-64.)

LUEDEMANN, H., Jahresbericht über die Kirchenväter und ihr Verhältnis zur Philosophie, 1897-1900 (Forsetzung.) (A. G. Ph., VIII, 4, p. 493-515.)

MIKOLAJCZAC, J., De septem sapientium fabulis quaestiones selectae. Diss. Breslau, 31 p.

PIAT, C., Sokrates. Seine Lehre und Bedeutung für die Geistesgeschichte und die christliche Philosophie. Deutsch von *E. Prinz zu Oettingen-Spielberg,* Regensburg, Manz, 1903, 311 p.   11 M.

ROECK, H., Der unverfälschte Sokrates, der Atheist und « Sophist » und das Wesen aller Philosophie und Religion gemeinverständlich dargestellt. Innsbruck, Wagner, 1903, IV, 542 p.   10 M. 30 Pf.

ROLFES, E., Die Unsterblichkeit der Seele nach der Beweisführhung bei Plato und Aristoteles. (Philosophisches Jahrbuch d. Görres-Gesellsch., XVII, 1, p. 18-29.)

SCHMITT, E. H., Die Gnosis. Grundlagen der Weltanschauung einer edleren Kultur. I. Bd. : Die Gnosis des Altertums. Leipzig, Diederichs, 1903.   12 M.

SIMON, Th., Der Logos. Ein Versuch erneuter Würdigung einer alten Wahrheit. Leipzig, Deichert, v, 132 p.   2 M. 25 Pf.

WADDINGTON. Ch., Le Scepticisme après Pyrrhon. Les nouveaux académiciens. Ænésidème et les nouveaux Pyrrhoniens. (S. et trav. de l'Acad. des des Sc. mor. et polit., août 1902, p. 223-243.)

WOLFF, E., Philanthropie bei den alten Griechen. Progr. Berlin, in-4, 28 p.

IV. — SCIENCES. — MÉDECINE.

BRETZL, H., Botanische Forschungen des Alexanderszuges. Gedrückt mit Unterstützung der Kgl. Ges. d. Wiss. zu Göttingen. Leipzig, Teubner, XII, 412 p. ; 11 Abb. und 4 Kartenskizzen.   12 M.

CORRADI, A., L'acqua bollita nella profilassi degli Antichi. (Riv. di filol. XXX, 4, p. 567-571).

ELTER, A., Columbus und die Geographie der Griechen. Festrede geh. am Gedenktage des Stifters der Universität Bonn. Bonn, Georgi, 24 p.

FIGARD, L., Quatenus apud Graecos experientiam in instituenda medicinae methodo commendaverint empirici. Mâcon, Protat, 1903, xi, 114 p.

HEITZ. — Voir Section XIII.

MARCUSE, J., Oeffentliche Hygiene im Altertum. (Die Umschau, 1901, 17, p. 325-328 ; 18, p. 441-443.)

MILHAUD. — Voir Section V, Aristote.

REYE, Th., Die synthetische Geometrie im Alterthum und in der Neuzeit. (Jahresb. d. deutschen Mathematiker-Vereinigung, IX, 9.)

SCHŒNE, H., Zwei Listen chirurgiker Instrumente (H., 1903, 2, p. 280-284).

STADLER, H., Bericht über die Litteratur zur antiken Naturgeschichte, 1895-1897. (Bursians Jahresb., 1902, 4-5, 3. Abt. p. 81-82.)

— Alexanderzug und Naturwissenschaft. (Bl. f. Bayr. Gymnasialschulw., 1903, 5-6, p. 427-431.)

STEPHANIDIS, M. K., Τὸ φαινόμενον Saint-Elme, καὶ ἡ « 'Αγία 'Ελένη ». ('Αθ., XIV, 1-2, p. 136-137.)

STIEDA, L., Ueber die Infibulation der Griechen und Römer. (Verhandl. d. Ges. deutscher Naturforscher und Aerzte, 73. Versamml. zu Hamburg, 1901, 1, Hälfte, p. 288-287.)

— Anatomisch-archäologische Studien. III. Die Infibulation bei Griechen und Römern. Anatom. Hefte, 1. Abt. XIX, 2, p. 231-308. 19 Abb.

TANNERY, P., Sur la sommation des cubes entiers dans l'antiquité. (Bibliotheca mathem. 3. F. III, 3, p. 257-258.)

— Voir Section V, Platon.

WEGH, A., Die wichtigsten Mathematiker und Physiker des Altertums. Progr. Kreuzburg, in-4, 26 p.

V. — Auteurs grecs (y compris les Byzantins).

AÉTIUS.

Ruelle, Ch.-Em., Quelques mots sur Aétius d'Amida (à propos d'une publication récente). — (Bull. de la Soc. française d'hist. de la médecine, 1903.) — T. à part. Paris, 1903.

ALCIPHRON.

Beaudouin, M., Notes critiques sur les « Lettres » d'Alciphron, à propos d'une édition récente. (R. Ph., 1902, 4, p. 327-334.)

Herwerden, H. van, Ad Alciphronis epistulas. (Mn. 1902, 3, p. 307-318.).

ALEXION.

Berndt. — Voir Grammairiens.

ANACRÉON. Traduction française. — Voir Pindare.

ANDOCIDE.

Fuhr, K., Zur Echtheitsfrage der Rede des Andokides gegen Alkibiades. (Berl. philol. Woch., 1903, nr. 13, p. 411-416.)

ANECDOTA byzantina e codicibus Upsaliensibus cum aliis collatis, ed. *V. Lundström.* Fasc. 1 : Anonymi carmen paraeneticum et Pauli Helladici epistolam continens. Upsala, Lundequist ; Leipzig, Harrassowitz.

ANONYMES.

Anonymus Argentinensis.

Foucart, P., Les constructions de l'Acropole d'après l'Anonymus argentinensis. (R. Ph., 1903, 1, p. 1-12.)

Tamilia, D., De Timothei Christiani et Aquilae Judaei dialogo. Romae, 1901, 25 p.

— Carmen paraeneticum. — Voir Anecdota Byzantina.

— De Incredibilibus. — Voir Mythographes.

ANTHOLOGIE.

Papavasiliou, G.-A., Κριτικαὶ παρατηρήσεις. B′ : Εἰς τὴν ἑλληνικὴν ἀνθολογίαν (Cod. Palat., VII; 495, 3.) (Ἀθ., XIV, 1-2, p. 148.)

Radinger. K., Zur Griechischen Anthologie. I. Leonidas von Alexandrien. II. Zum Marcianus 481, dem Autographen des Planudes. (Rh. M., LVIII, 2, p. 294-307.)

Reinach. Th. — Voir Simonide.

ANTIMAQUE.

Knaack, G., Ein neues Fragment des Antimachos von Teos? (Berl. philol. Woch., 1903, nr. 9, p. 284-285.)

ANTIPHANE.

Ludwich. A., Ein verkanntes Antiphanesfragment. (Berl. philol. Woch., 1903, nr. 3, p. 94-96.)

Solari. A., Questioni su un frammento di Antifane. (A. e R., nr. 45, p. 694-697.)

ANTIPHON. — Voir Jamblique.

— Voir Orateurs.

APOLLODORE.

Jacoby. F., Apollodors Chronik. Eine Sammlung der Fragmente. Berlin, Weidmann, vii, 416 p. 14 M.
(Philol. Untersuchungen hrsg. von A. Kiessling und U. von Wilamowitz-Moellendorff, 16. Heft.)

APOLLONIUS DE RHODES.

Bolling, G.-M., The participle in Apollonius Rhodius. (Studies in hon. of Gildersleeve.)

Deicke. L., De Scholiis in Apollonium Rhodium quaestiones selectae. Diss. Goettingen, 1901, 74 p.

Fitch, E., The proprieties of epic speech in the Argonautica of Apollonius Rhodius. (Proceed. of Amer. philol. Assoc., vol. XXXIII.)

Pasini. F., La « Medea » di Seneca e Apollonio Rodio. (At. e R. nr. 41, p. 567-575.)

Samuelsson, J., Ad Apollonium Rhodium adversaria. Upsala, Lundström; Leipzig, Harrassowitz.

APOLLONIUS DYSCOLE. — Voir Grammairiens.

ARCHILOQUE.

Archibald. H. T. — Voir Section XI.

ARCHIMÈDE.

Schmidt. W., Zur Textgeschichte der « Ochumena » des Archimedes. (Biblioth. mathematica, 3. Folge, III, 2, p. 176-179.)

ARISTARQUE.

Bachmann, W., Die ästhetischen Anschauungen Aristarchs in der Exegese und Kritik der homerischen Gedichte. I. Progr. Nürnberg, 42 p.

ARISTÉE (Pseudo).

Abrahams, J., Recent criticism of the letter of Aristeas. (The Jewish Quarterly R., 1902, p. 341-342.)

Krausz S., Aristeas. (Egyetemes filol. Közlöni, 1902, 6-7, p. 474-483.)

Nestle. E., Zum Aristeasbrief. (Berl. ph. Woch., 1902, nr. 50, p. 1566.)

Papavasiliou, G. A., Κριτικαὶ παρατηρήσεις. ς′ : Εἰς Ἀριστέου πρὸς Φιλοκράτη ἐπιστολ. (Éd. P. Wendland.) (Ἀθ. XIV, 1-2, p. 196-202.)

ARISTOPHANE. Extraits. Texte grec publié avec une introduction, un index et des notes, par *L. Bodin* et *P. Mazon.* Paris, Hachette, in-16, LXXX, 295 p.
2 fr. 50 c.

— Gli Acarnesi, versione poetica, con introduzione e note di *E. Romagnoli.* Palermo, in-16, 148 p. 1 l.

— Le donne a parlamento tradotte in versi italiani da *A. Franchetti,* con introduzione e note di *D. Comparetti.* Città del Castello, Lapi, 1901, XLIII, 103 p.

Blaydes, Fr. H. M., Spicilegium Aristophaneum. Halle, Buchh. des Waisenhauses, III, 136 p.

Carroll, M., The Athens of Aristophanes. (Studies in hon. of Gildersleeve.)

— Même titre. (Proceed. of Amer. philos. Assoc., 1901.)

Girard, P., Observations philologiques sur Aristophane. (Mélanges Perrot, p. 133-140.)

Helder, J., De Aristophanis in Nubium fabula consilio atque arte. Haarlem, Kleynenberg, 1901.

Herwerden, H. van. Aristophan. Eq. 504 sqq. (Mn. 1902, 3, p. 233.)

Holden, H. A., Onomasticum Aristophaneum, sive index nominum quae apud Aristophanem leguntur. Ed. II. London, Clay. 5 sh. 6 d.

Konarski, F., Les Grenouilles, trad. en polonais, v. 553-763. (Symbolae in honorem Cwiklinski.) 12 p.

Leeuwen, J. van. Ad Aristophanis Plutum. (Contin.) (Mn. 1902, 3, p. 348-360 ; 4, p. 397-427.)

— Quis furor ? [Obs. sur Rœmer, Stud. zu Aristoph.] (Ibid. 5, p. 225-233.)

— Ad Scholia Aristoph. Lys. 62. (Ibid., XXXI, 1, p. 16.)

— Ad Aristophanis Plutum. (Ibid., p. 96-113.)

Nielsen, G. R., Om forholdet mellem Aristophanes « Ekklesiazousai » og Platons « Stat ». (Nord. Tidskr. f. filol., XI, 2, p. 49-73.)

Papavassiliou. — Voir Section II.

Peppler, Ch. W., Comic terminations in Aristophanes and the comic fragments. Part 1 Diminutives, character names, patronymics. Diss. Baltimore, J. Murphy, 1903, 53 p.

Pongratz, F., De arsibus solutis in dialogorum senariis Aristophanis. Pars I. Progr. München, 37 p.

Radermacher, L., Drei Deutungen. I. ὅη-δέη [Aristoph. Frösche, 265.] (Rh. M., LVII, 3, p. 478-480.) (Voir Section VIII.)

Richards, H., Aristophanica. [Détail, Biblioth. philologica cl., 1903, p. 9]. (Cl. R. 1903, 1, p. 7-11.)

— On Aristophanes Knights 413. (Ibid., 1903, 3, p. 143-145.)

Robert, C., Zu Aristophanes. (H., 1903, 1, p. 158-160.)

Romagnoli, H., Aristophanis Acharnenses ; criticae atque exegeticae animadversiones. [Estr. d. Studi ital. di filol. vol. X.] Firenze, Seeber. 1 lira.

— Saggi di versione dalla Pace di Aristofane. (Riv. d'Italia, febbr. 1902.]

Rœmer, A., Studien zu Aristophanes und den alten Erklärern desselben. I. Teil : Das Verhältnis der Scholien des Cod. Rav. und Venet., nebst Beiträgen zur Erklärung der Komödien des Aristophanes auf Grund unserer antiken Quellen. Leipzig, Teubner, 1902, XIV, 196 p.

Rutherford, W. G., Aristophanes, Knights 414. A neglected idiom. (Cl. R., 1903, 5, p. 249.)

Seelye, W. J., Aristophanes, Ran. 1437 ss. (Proceed. of Amer. philol. Assoc., XXXII, p. CXXXVIII-IX.)

Setti, G., Osservazioni ermeneutiche e critiche degli Uccelli di Aristofane. (Atti d. R. Istituto Veneto, LXI, 8, parte II, p. 465-480.)

— Per la esegesi critica degli Uccelli di Aristofane. (Riv. di filol., 1903, 1, p. 84-114.)

— Per una nuova edizione critica degli « Uccelli » di Aristofane. (Atti e Mem. d. R. Accad. di Padova, N. S. vol. XVIII, disp. 3, p. 171-187.)

— Aristofane e il coturno. (R. di stor. ant. N. S., VI, 3-4, p. 397-413.)

— L'aucupio negli Uccelli di Aristofane. (Ibid., VI, 1, p. 73-84.)

Teza, E., Quale era il casato di Andreas Divus, vecchio traduttore di Aristofane. (Ibid., VII, 1, p. 85-98.)

Wilamowitz-Mœllendorff, U. von, Drei Schlusscenen griechischer Dramen. II : Der Schluss der Ekklesiazusen des Aristophanes. (S. Pr. Ak., 1903, 21, p. 450-455.)

Zacher, K., Herwerdens Aristophanescollationen. (Ph. XV, 3, p. 447-454.)

Zuretti, C. O., Il servo nella comedia greca antica. A : Nelle comedie di Aristofane. (Riv. di filol., 1903, 1, p. 46-83.)

ARISTIDE QUINTILIEN.

Williams. — Voir Section IX.

ARISTOTE.
Le traité Peri hermeneias d'Aristote. Traduction et commentaire, par *Laminne.* Bruxelles, 1901, 61 p.

— *Politics,* of Aristotle, ed. by *W. L. Newman,* voll. III and IV. Oxford, Clarendon Press.

— **Psychology.** Treatise on the principle of life. Transl. with Introduction and notes by *Wm. Al. Hammond.* London, Sonnenschein, 428 p.   10 sh. 6 d.

— Les grandes idées morales et les grands moralistes. Pages choisies d'Aristote, par *J. Vaudouer et L. Lantoine.* Paris, Picard et Kaan, 107 p.   1 fr.

Baumstark. A., Zur Vorgeschichte der arabischen « Theologie des Aristoteles ». (Oriens christianus, 1902, p. 187-191.)

Borgeld. A., Aristoteles en Phyllis. Een bijdrage tot de Vergelijkende literaturgeschiedenis. Groningue, Wolters.   3 M. 25 Pf.

Boucher. E. S., Selections from Aristotle's *Organon.* Transl. London, Simpkin.   1 sh. 6 d.

Bywater, J., Aristotelica. IV. (J. of philol., nr. 56, p. 241-253.)

Delle. — Voir Platon.

Diels. H., Bericht über die Herausgabe der « Aristoteles-Commentare ». (S. Pr. Ak., 1903, 6, p. 96.)

Dittmeyer. L., Untersuchungen über einige Handschriften und lateinische Uebersetzungen der Aristotelischen Tiergeschichte. Progr. Wurzburg, 51 p.

Dragoumis, S., Πεντετηρίδες καὶ ἱεροποιοί. [Aristot. Πολ. ᾿Αθην., 54, 17.] (᾿Αθ. XIV, 4, p. 376-386.)

Draeseke. J., Zu Aristoteles. (Wochenschr. f. klass. Philol., 1902, nr. 46, p. 1270-1272.)

Endt J., Die Quellen des Aristoteles in der Beschreibung des Tyrannen. (W. St. 1902, 1, p. 1-69.)

Festa. N., Sulle più recenti interpretazioni della teoria aristotelica della catarsi nel dramma. Firenze, Marini, 1901.

Gomperz. — Voir Platon.

Guiraud, P., Note sur un passage d'Aristote. (᾿Αθηναίων πολιτεία, 4.) (Mélanges Perrot, p. 145-150.)

Hammond. W. A., Aristoteles on imagination. (Proc. of Amer. philol. Assoc., 1901, p. 30-31).

Jankelevitch. S., Proceedings of the Aristotelian Society. N. Series, vol. I, 1900-1901. (Philos. Review, 1902, 8, p. 205-215.)

Kappelmacher, A., Die Aristoteleszitate des Pseudo-Demetrius περὶ ἑρμηνείας. (W. St., 1902, 2, p. 452-456.)

Ludwich, A. — *Voir* Solon.

Michaelis. — Voir Pollux.

Milhaud, G., Le hasard chez Aristote et chez Cournot. (R. de métaphys. et de morale, nov. 1902, p. 667-687).

— Aristote et les mathématiques. (A. G. Ph. IX, 3, p. 367-392.)

Photiadis. P. S., ᾿Ερμηνευτικὰ καὶ διορθωτικὰ εἴς τινα χωρία τῆς ᾿Αριστοτέλους ᾿Αθηναίων πολιτείας. (᾿Αθ. XIV, 1-2, p. 65-74; 224-231.)

— Περὶ κληρώσεως καὶ πληρώσεως τῶν ἡλιαστικῶν δικαστηρίων κατὰ τὴν ᾿Αριστοτέλους ᾿Αθ. πολιτείαν. (Ibid., 3, p. 241-282.)

Pilat. C., Aristote. (Les grands philosophes.) Paris, F. Alcan, 1903, viii, 396 p.   5 fr.

Richards, H., Aristotle, Ethics, 8, 5. (Cl. R., 1902, 8, p. 396.)

— Voir Xénophane.

Schindele. St., Die aristotelische Ethik. Darstellung und Kritik ihrer Grundgedanken. (Philos. Jahrb. d. Goerres-Gesellschaft, XV, 3, p. 315-330.)

Schoenermark, C., Die tragischen Affekte bei Aristoteles. II. Progr. Liegnitz, in-4°, 17 p.

Seymour. T. D., Note on Aristotle's Politics, 1338, A 24. (Cl. R. 1903, 1, p. 22-23.)

Thompson, E. S., Derdas the Little. [Aristot. Pol. VIII, 10, 10 = 1311 B 3.] (Cl. R., 1902, 8, p. 416.)

Tkac, J., Ueber den arabischen Kommentar des Averroes zur Poetik des Aristoteles. (W. St. 1902, 1, p. 70-98.)

ARRIEN.

Guethling. O., Erklärende Anmerkungen zu Arrians Cynegeticus. Progr. Liegnitz, 28 p.

Ritterling. E., Zur Erklärung von Arrians ἔκταξις κατ' ᾿Αλανῶν. (W. St., 1902, 2, p. 359-372.)

ATHÉNAGORE.

Pommrich. — Voir Théophile.

ATHÉNÉE.

Richards. — Voir Posidonius.

BABRIUS.

Christoffersson, H., Studia de fabulis babrianis. Lund, Moeller, 178 p.　　3 M. 50 Pf.

Heraeus, W., Aus einer lateinischen Babriosübersetzung. (Archiv. f. Lexicogr., etc., XIII, 1, p. 129.)

Klotz, A., Sorsus. [Zu Babrius.] (Ibid., p. 117.)

BACCHYLIDE.

Leeuwen, J. van, Quid significat ΛΕΙΡΙΟΣ sive ΛΕΙΡΙΟΕΙΣ? [Bacch. XVII, 95.] (Mn. XXXI, 1. p. 114-116.)

Mair. A. W., ἀτρέμα = Strightly. [Bacch., v. 7.] (Cl. R., 1902, 6, p. 319.)

Reynolds, B., Digamma in Bacchylides. (Proceed. of Amer. philol. Assoc., 1901.)

Schaefer, G., Dissertatio de tertio Bacchylidis carmine. Erlangen, 1901, 64 p.

Wolff, A., Bacchylidea. Patavii, Randi, 22 p.

BASILE (saint). — Voir Plutarque, Essay, etc.

BÉROSE.

Lehmann, C. F., Die Dynastien der babylonischen Königliste und des Berossos. (Beitr. z. alten Gesch., III, 1, p. 135-163.)

BIBLE et APOCRYPHES. The Century Bible. Saint-Mark. Introd., author. version, revised version, notes, index, map. Ed. by *S. D. F. Salmond.* London, Jack, 380 p.　　3 sh.

— Η νεα διαθηκη κατα το Βατικανο χερογραφο μεταφρασμενη απο του Α. Παλλη. Μερος πρωτο. Liverpool, The Liv. Booksellers' Co. 275 p.

— Le Nouveau Testament d'après le manuscrit du Vatican, traduit par *A. Palles.* (Texte grec.) 1re partie. Paris, Blot, in-16, 280 p.

— Evangelium secundum Johannem cum variae lectionis delectu. Ed. *Fr. Blass.* Leipzig, Teubner. LXIV, 111 p.　　5 M. 60 Pf.

— Acts of the Apostles. Introd., notes by *A. E. Rubie.* London, Methuen, 1903. 210 p., 3 maps.　　2 sh.

— Apocrypha. I. Reste des Petrusevangeliums, der Petrusapokalypse und des Kerygma Petri. Hrsg. von *E. Klostermann.* (Kleine Texte f. theolog. Vorlesgn, und Uebgn. hrsg. von H. Lietzmann.) Bonn, Marcus und Weber, 1903, 16 p.　　30 Pf.

— Die Apocryphen des Alten Testaments, in Verbindung mit meheren Fachgelehrten übersetzt und hrsg. von *E. Kautzsch.* Ausg. F der Textbibel des A. und N. T. Tübingen, Mohr, IV, 212 p.　　2 M.

— Acta apostolorum apocrypha, post C. Tischendorf denuo edid. *R. Ad. Lipsius* et *Max Bonnet.* Partis II vol. 2. Acta Philippica et Acta Thomae. Accedunt Acta Barnabae, ed. *M. Bonnet.* Leipzig, Mendelssohn, XLII, 395 p.　　15 M.

— Les Actes de saint Jacques et les Actes d'Aquilas, d'après deux manuscrits grecs de la Bibliothèque nationale, p. p. *Jean Ebersolt.* Paris, Leroux, II, 79 p.

Albani, J., Die Metaphern des Epheserbriefes (Z. f. wiss. Theol., N. F., X, 3.)

— Die Bildersprache der Pastoralbriefe. (Ibid., XI, 1, p. 40-58.)

Bacon. B. W., An Introduction to the New Testament. New-York, Macmillan, 1900, xv, 285 p.

Bahnsen, W., Neue Untersuchungen über den Römerbrief. (Protestant. Monatshefte, Jg, VI, H. 9.)

Bittner M., Der vom Himmel gefallene Brief Christi in seinen morgenländischen Versionen und Rezensionen — gr., armen., syr., karchunisch, arab. und äthiop. — nach Handschriften veröffentlicht, text — und sprachvergleichend — kritisch untersucht und ins Deutsche übersetzt, nebst einem hebr. Sabbatsbriefe. (Anz. d. W. Ak. d. Wiss., 1903, 11, p. 65-68.)

Bolliger. A., Marcus der Bearbeiter des Matthäus-Evangeliums. Altes und Neues zur synoptischen Frage. Progr. Basel, in-4°, 100 p.

Burkitt. F. C., S. Ephraim's quotations from the Gospel collected and arranged. (Texts and Studies, contributions to Biblical and Patristic literature, ed. by *J. Armitage Robinson*, VII, nr. 2.) Cambridge, Univ. Press, 1901, xi, 91 p.

Burn. A. E., The textus receptus of the Apostles' creed. (J. of theol. studies, 1902, july.)

Corssen. P., Die Urgestalt der Paulusacten. (Z. f. neutestam. Wiss., IV, 1.)

Dictionnaire de la Bible..., p. p. *F. Vigouroux* avec le concours d'un grand nombre de collaborateurs. Fasc. 22 : Joppé-Kurzeniecki. Paris, Letouzey et Ané, 1903. Grav. et carte en couleur.

Encyclopædia biblica. Critical dictionary of the literary, political, and religious history, archæology, geography, natural history of the Bible. Ed. by *T. K. Cheyne* and *J. Sutherland Black*. vol. IV : Q-Z.   20 sh.

Gelzer. H., Der wiederaufgefundene Kodex des hl. Klemens und andere auf den Patriarchat Achrida bezügliche Urkundensammlungen. (Berichte üb. d. Verhandlgn d. kgl. Sächsisch. Ges. d. Wiss., philol.-histor. Cl., 1903, 2, p. 41-110.)

Gifford. Seth. K., Pauli epistolas qua forma legerit Jo. Chrysostomus. Scripsit S. K. G. (Diss. philol. Halenses, XVI, pars 1.) Halle, Niemeyer, 88 p.   2 M. 40 Pf.

Girodon. P., Commentaire critique et moral sur l'Évangile selon saint Luc. Paris, Plon et Nourrit, 1903, xv, 589 p. ; 2 cartes ; 5 fac-similés.

Granger. F., An emendation in Logia Jesu, III. (Cl. R., 1903, 5, p. 251.)

Haidacher. S., Neun Ethika des Evangelienkommentars von Theodor Meliteniotes und deren Quellen. (Byz. Z., XI, 3-4, p. 370-387.)

Hamer. C. J., New Testament history for young students, with index. Pref. by Bp. of Newcastle. London, Allman, in-16, 150 p.   1 sh.

— Notes on St. Luke. With questions set at the Oxford and Cambridge local examinations. London, Allman, 138 p.   1 sh.

Haussleiter. J., Der Kampf um das Johannes-Evangelium. I. (Theol. Litteraturbl., 1903, 1 und 2.)

Heitmueller. W., « Im Namen Jesu ». Eine sprach- und religionsgeschichtliche Untersuchung zum Neuen Testament, speziell zur altchristlichen Taufe. (Forschgn. zur Religion und Literatur des Alten und Neuen Testaments, I, 2.) Göttingen, Vandenhoeck und Ruprecht, x, 347 p. 9 M.

Helder. A., Die aethiopische Bibelübersetzung. Ihre Herkunft, Art, Geschichte und ihr Wert für die alt- und neutestamentliche Wissenschaft. Mit Jeremia cap. 1-13 als Textprobe, dem aethiop. Pseudepigraph, der Prophetie des Jeremia an Paschur und einem General-Katalog der abessinischen Handschriften (als Prolegomena zu einer kritischen Ausgabe der aethiop. Bibel. Diss. Halle, 34 p.

Jacoby. A., Ein bisher unbeachteter apokrypher Bericht über die Taufe Jesu, nebst Beiträgen zur Geschichte der Didascalie der 12 Apostel und Erläuterungen zu den Darstellungen der Taufe Jesu. Strassburg, Trübner, vi, 107 p., mit Abbildg.   4 M. 50 Pf.

Jacquier. E., Histoire des livres du N. T. T. I. Paris, Lecoffre, 1903, xii, 491 p.; 1 carte.
                                                                                3 fr. 50 c.

Jannaris. A. N., νάρδος πιστική. (Joh., XII, 3 und Marcus, XIV, 3.) (Cl. R., 1902, 9. p. 459-460.)

Janssen. R., Evangelium Johanneum ex paraphrasi Nonni Panopolitani restitutum, apparatu critico apposito. Diss. Halle, 39 p.

— Das Johannes-Evangelium nach der Paraphrase des Nonnus Panopolitanus. Mit einem ausführl. kritischen Apparat hrsg. (Texte und Untersuchgn., N. F., VIII, 4.) iv, 80 p. 2 M. 50 Pf.

Karo. G. et **J. Lietzmann.** Catenarum graecarum catalogus. (Nachrichten der K. Geselsch. d. Wiss. zu Göttingen, Philol.-histor. Cl., 1902, 1, 3, 5.) T. à p. Goettingen [1903].

Kleber. P., Beiträge zur Erklärung der ersten Kapitel des Evangeliums Matthaei. Progr. Löwenberg, in-4°, 36 p.

Kreyenbühl. J., Das Evangelium der Wahrheit. Neue Lösung der Johannischen Frage. I. Bd. Berlin, Schwetschke, viii, 752 p.   20 M.

Lake. K., Codex 1 of the Gospels and its allies. Texts and Studies. (Dans « Contributions to Biblical and Patristic Litterature » by *J. A. Robinson*, VII, 3.) Cambridge, Univ. Press, xxvi, 201 p.   7 sh. 6 d.

Lesêtre. H., La clef des Évangiles. Introd. histor. et crit. pour servir à la lecture des saints Évangiles. Paris, Lethielleux, viii, 207 p.; grav. et cartes.

Lewis. A. S., Apocrypha : the protevangelium Jacobi and Transitus Mariæ. With texts from the Septuagint, the Corân, the Peshitta, and from a Syriac hymn in a Syro-arabic palimpsest of the 5th and other centuries. With an Appendix of palestinian Syriac texts from the Taylor-Schechter collection. London, Clay, in-4°.   15 sh.

Lindl. E., Die Octateuchcatene des Procop von Gaza und die Septuagintaforschung. München, H. Lukaschik, viii, 161 p., mit 1 Lichtdr.-Taf.   5 M. 80 Pf.

Loisy, A., Études évangéliques. Paris, Picard.

Meyer, A., Johanneische Litteratur. A. Echtheit und Personenfrage. (Theol. Rundschau, V, 8.)

Moorhead, W. G., Outline studies in Acts, Romans I and II. Corinthians, Galatians, Ephesians. London, Oliphant, 248 p.   3 sh. 6 d.

— Outline studies in Old Testament books. Ibid., 364 p.   3 sh. 6 d.

Nestle, E., Zum griech. Neuen Testament. (Protestant. Monatshefte, VI, 7.)

— Antiker Volksglauben im Neuen Testament. (Protestantenblatt, Jg. XXXVI, 9, 10, 11.)

Omont, H., Communication relative à 4 planches de fac-similés d'anciens manuscrits grecs bibliques en lettres onciales. (S. Ac., I., 5 déc. 1902, p. 725-729.)

Pallis, A., A few notes on the gospels according to St Mark and St. Matthew, based chiefly on modern Greek. Liverpool, The Liv. Booksellers' Co., 1903, VI, 46 p.

Preuschen. — Voir Origène.

Ricci, S. de, Le « sacrifice salé ». [Marc, IX, 49.] (R. Arch., mai-juin 1902, p. 336-341.)

Schiefer, F. W., Zwei Randbemerkungen zu neutestamentlichen Stellen. [I : zu Ev. Matth. IV, 1-11. II : zu I. Kor. 13, 28.] (Z. f. Wiss. Theol., N. F., XI, 2, p. 316-318.)

Schrader, E., Die Keilinschriften und das A. T. 3. Auflage mit Ausdehnung auf die Apocryphen, Pseudepigraphen und das N. T., neu bearbeitet von *H. Zimmern* und *H. Winckler.* 1. Hälfte. Berlin, Reuther und Reichard.

Serruys, D., Anastasiana. [III : La stichométrie de l'ancien et du Nouveau Testament]. (Mél. d'arch. et d'hist., XXII, 2-3.)

Shaw, R. D., The Pauline Epistles. Introduction and expository studies. London, Clark, 520 p.   8 sh.

Soden, H. von, Die Schriften des Neuen Testament, in ihrer ältesten erreichbaren Textgestalt hrsg. auf Grund ihrer Textgeschichte. 1. Bd., 1 Abtlg. Berlin, Duncker, xvi, 704 p.

Stewart, C. T., Grammatische Darstellung der Sprache des St Pauler Glossars zu Lukas. Diss. Berlin, 1901, 44 p.

Taylor, C., The homily of Pseudo-Clement. (J. of philol., nr. 56, p. 195-208.).

Thumb, A., Die sprachgeschichtliche Stellung des biblischen Griechischen. (Theol. Rundschau. 1902, p. 85-100.)

Torrey, C. C., The Greek versions of Chronicles, Ezra and Nehemia. (Proceed. of the Soc. of biblic archæologie, XXV, 3.)

Weiss, B., Die Perikope von der Ehebrecherin. (Z. f. wiss. Theol., N. F., XI, 1, p. 141-158.)

Weiss, J., Das älteste Evangelium. (C. R. dans Liter. Centralbl., 1903, nr. 49.)

Weissbrodt, W., De codice Cremifanensi et de fragmentis evangeliorum Vindobonensibus. Progr. Brunsberg. 1901, 20 p.

Wohlenberg, G., Glossen zum ersten Johannesbrief. III. (Neue Kirchl. Z., XIII, 8.)

Wrede, W., *Die Echtheit des zweiten Thessalonicherbriefs untersucht.* (Texte und Untersuchgn. etc., N. F., VIII, 3.) Leipzig, Hinrichs, 1903, viii, 116 p.   4 M.

CALLIMAQUE.

Cesareo, P., Un decadente dell' antichità. (Riv. di filol., 1903, 2, p. 285-328.)

Kortz, F., Die Eigentümlichkeiten der Kallimacheischen Dichtkunst. Eine Studie zum Artemishymnus des K. und Catulls Carnea LXVI. Progr. Cöln-Ehrenfeld, 45 p.

Woerpel, G., Eine Anspielung in dem Zeushymnus des Kallimachos. (Rh. M. LVII, 3, p. 460-463.)

CALLISTHÈNE (Pseudo-).

Weymann, K. F., Die aethiopische und arabische Uebersetzung des Pseudocallisthenes. Eine literarkritische Untersuchung. Diss. Berlin, 1901, vii, 83 p.

CAMATÈRE. — Voir Jean Camatère.

CEDRENUS.

Praechter, K., Olympiodor und Kedren. (Byz. Z., XII, 1-2, p. 224-230.)

CHAERIS.

Berndt. — Voir Grammairiens.

CHARÈS.

Berndt. — Voir Grammairiens.

CHARITON.

Praechter, K., Textkritisches zu Chariton. (Ph., XVI, 2, p. 227-233.)

CHRYSIPPE. — Voir Philosophes.

CLÉMENT D'ALEXANDRIE. Clement of Alexandria, Miscellanies, Book VII. The Greek text with Introduction, translation, notes, dissertations and indices, by *Fenton John Antony Hort* and *Joseph B. Mayor*. London, cxi, 455 p. 15 sh.

Clark, Fl., Citations of Platon in Clement of Alexandria. (Proceed. of Amer. philol. Assoc., XXXIII.)

Heussi, C., Die Stromateis des Clemens Alexandrinus und ihr Verhältnis zum Protreptikos und Pädagogos. (Z. f. wiss. Theol., N. F., X, 4, p. 465-512.)

Schwartz, E., Zu Clemens τίς ὁ σωιζόμενος πλούσιος; (H., 1903, 1, p. 75-100.)

Reuss. — Voir Section X.

CONSTANTIN VII, empereur.

Diehl, Ch., Sur la date de quelques passages du livre des *Cérémonies*. (R. E. G., janvier-avril 1903, p. 28-41.)

COSMAS INDICOPLEUSTES.

Rjedin. — Voir Section XI.

CRITIAS.

Nestle, W., Kritias. Eine Studie. (N. J. Alt., 1903, 1, 1. Abt., p. 178-199.)

DÉMÉTRIUS RHÉTEUR.

Kappelmacher. — Voir Aristote.

Mayor, J. E. B., Demetrius περὶ ἑρμηνείας and Pliny the Younger (Cl. R. 1903, 1, p. 57.)

Roberts, W. Rh., Robert's « Demetrius de Elocutione. » Reply to Dr Rutherford. (Cl. R., 1903, 3, p. 128-134.)

DÉMOCRITE.

Pelthmann, E. C. H., Demokrit. (Biographia antiqua, Ser. II, Heft 5.) Bitterfeld, Baumann, 1903, 16 p. 25 Pf.

DÉMOSTHÈNE.

Adams, Ch. D., The Harpalos case. (Trans. of Amer. philol. Assoc., 1901, p. 121-153.)

Blass, Fr., Die Textüberlieferung in Demosthenes' Olynthischen Reden. (N. J. Alt., 1902, 10, 1. Abt., p. 708-725.)

Bronikowski. — Voir Plutarque.

Croiset, A., Date de la troisième Olynthienne. (Mélanges Perrot, p. 65-72.)

Drerup, E., Vorläufiger Bericht über eine Studienreise zur Erforschung des Demosthenes-überlieferung. Mit Beiträgen zur Textgeschichte des Isokrates, Aeschines, der Epistolographen und des Gorgias. (Sitzungsb. d. philos. philol. und histor. Cl. d. Bayr. Ak. d. Wiss., 1902, 3, p. 287-323.)

Kastner, E., Vybor reci Demosthenovych, etc. Prague, 1902, xxviii, 85 p.

May, J., Die Mailänder Demosthenes-Handschrift D 112 sup. (N. philol. Rundschau, 1903, 11, p. 241-251.)

Meyer, E., περὶ τῶν ἐν Χερσονήσῳ, §§ 21-23. (Gymnasium, 1902, 13, p. 461-466.)

Naber, S. A., Observationes criticae ad Demosthenem. (Mn., XXXI, 1, p. 1-16); 7, p. 117-129.)

Pearson, A. C., Note on Demosthenes, De Pace, § 11. Cl. R., 1903, 5, p. 249-251.)

Photiadis, P. S., Διόρθωσις καὶ ἑρμηνεία Δημοσθενικοῦ χωρίου ('Αθ., XIV, 4, p. 364-366).

Richards, H., Notes on the anti-macedonian speeches of Demosthenes. (Cl. R., 1903, 3, p. 145-150.)

Rogge, Ch., Aus der Demosthenes-Lektüre. Zum Nachweis eines einheitlichen Aufbaues der Volksreden des Demosthenes, besonders der 1. und 2. Olynthischen. Progr. Neustettin, 1903, 51 p.

Scarborough, W. S., Notes on the meaning and use of φίλων and ξένων in Demosthenes De Corona, 46. (Proceed. of Am. philol. Assoc. XXXIII.)

Wright, J. H., Notes on Demosthenes De Corona (§§ 2, 130, 180, 190, 205, 227, 308, 324.) (Proceed. of Amer. philol. Assoc., XXXII, p. xxvi.)

DENYS D'HALICARNASSE.

Naber, S. A., Observationes criticae ad Dionysii Halicarnassensis Antiquitates romanas. (Contin.) (Mn. 1902, 3, p. 234-261.)

Pantazis, M. J., Κριτικαὶ παρατηρήσεις εἰς τὴν Οὐϡενήρου καὶ Ῥαδερμαχήρου ἔκδοϡιν Διονυσίου τοῦ Ἁλικαρνασέως (’Αθ. XIV, 1-2, p. 45-64.)

Papavassiliou. G. A., Κριτικαὶ παρατηρήσεις. Δ' Εἰς Διονύσιον Ἁλικαρναϡέα. [Ed. Us. et Raderm.] (’Αθ., XIV, 1-2, p. 169-194.)

Photiadis, P. S., Ὀλίγισται παρατηρήσεις. Β'. Εἰς Διονύσιον τὸν Ἁλικαρναϡέα. (’Εκδ. Usener καὶ Radermacher.) (’Αθ., XIV, 3, p. 332-340.)

Prynton, A. B., Oxford manuscripts of the « Opuscula » of Dionysius of Halicarnassus. (J. of philol., nr. 56, p. 161-185.)

Wolcott, J. D., Early parallelismus in Roman historiography. [Dionysius of Halicarnassus and Cicero.] (Amer. J. of philol. XXIII, p. 313-316.)

DENYS le Thrace.

Wilamowitz-Moellendorff, U. von, Lesefrüchte [LXXXVI : Zu Dionysius Thrax, ed. Hilgard.] (H. 1902, 3, p. 321-324.)

DICTYS de Crète.

Fürst, J., Untersuchgn zur Ephemeris des Diktys von Kreta. (Ph., XV, 4, p. 593-622.)

DIDYME.

John, A., Zu Didymos' von Alexandria Schrift « über die Trinität ». (Z. f. wissenschaftl. Theol., N. F., X, 3.)

DIGÉNIS ACRITAS. Les exploits de Basile Digénis Acritas, épopée byzantine, publiée d'après le manuscrit de Grotta Ferrata, par *Em. Legrand*, 2ᵉ éd., revue et corrigée. Paris, Maisonneuve, xxxii, 149 p.

DIODORE.

Kallenberg, H., I : Textkritik und Sprachgebrauch Diodors. II : Der Hafen von Pylos. Progr. Berlin, in-4, 24 p.

Knaack, G., Ein falsches Diodorfragment (Rh. M., LVIII, 1, p. 152.)

DIOGÈNE-LAERCE.

Gercke, A., Die Ueberlieferung des Diogenes Laertios. (H., 1902, 3, p. 401-434.)

Richards, H., Diogenes Laertius, I, 104, (Cl. R., 1902, 8, p. 394.)

— Diogenes, IX, 51. (Ibid., p. 396-397.)

DIOMÈDE.

Tolkiem, J., Zur Ars grammatica des Diomedes. (Wochenschr. f. klass. Philol., 1902, nr. 42, p. 1156-1159.)

DION CHRYSOSTOME.

Fischer, P., De Dionis Chrysostomi orationis tertiae compositione et fontibus. Diss. Bonn, 1901, 46 p.

Hilgenfeld, A., Des Chrysostomos Lobrede auf Polykarp. (Z. f. wiss. Theol., N. F. X, 4, p. 569-572.)

Montgomery, W. A., Oration XI of Dio Chrysostomus. A study in sources. (Studies in hon. of Gildersleeve.)

Parmentier, L., Dion Chrysost. XII, § 43 (p. 206 M.). (R. belge de l'I. P., XLV, 6, p. 387-388.)

DIOPHANTE.

Gotlob, E., Ein wiedergefundener Diophantuscodex. [S.-A. aus Z. f. Mathem. u. Physik, Jg. XIV, 5-6.] 4 p.

## DIOSCORIDE. Des Pedanios Dioskurides aus Anazarbos, Arzneimittellehre in 5 Büchern. Uebersetzt und mit Erklärungen versehen von *J. Berendes*. Stuttgart, F. Enke, viii, 572 p.	16 M.

DIPHILE.

Legrand, Ph. E., Pour l'histoire de la Comédie nouvelle. II. Conjectures sur la composition des Κληρούμενοι de Diphile. (R. E. G., nov.-déc. 1902, p. 370-379.)

Valmaggi, L., Per i frammenti di Difilo Sifnico. (Boll. d. filol. cl., IX, 7, p. 155-156.)

ÉLIEN.

Richards, H., Aelian, Var. hist., 9, 3. (Cl. R. 1902, 8, p. 395.)

Stefani, E. L. de, I manoscritti della « Historia animalium » di Eliano. [Estr. di Studi ital. di filol., vol. X.] Firenze, Seeber, p. 175-222.	2 lire.

— Per il testo delle epistole di Eliano. (Ibid.).

EMPÉDOCLE.

Ellis, R., Zu Emped. fragm. — Voir Poètes-philosophes.

Pascal, C., L'imitazione di Empedocle nelle Metamorfosi di Ovidio. Napoli, 29 p.

Pelthmann, E. C. H., Empedocles. (Biographia antiqua, Ser. II, Heft 3.)   25 Pf.

ÉPHORE.

Ciaceri, E., Sulla reintegrazione dell' antichissima storia greca in Eforo di Cuma. (Riv. d. stor. ant., N. S. VI, 2, p. 17-24.)

ÉPHRAIM (Saint).

Burkitt, F. C.. — Voir Bible.

ÉPICTÈTE. Discourses. Translat. by *George Long.* London, Bell.   25 sh.

Colardeau, Th., Étude sur Épictète. Paris, Fontemoing, 1903, xii, 354 p.

ÉPICURE.

Heidel, W. A., Epicurea. (Amer. J. of philol., XXIII, 2, p. 185-194.)

Masson, J., Theology and Metaphysic of Epikurus. (Cl. R., 1902, 9, p. 453-459.)

Renault, M., Épicure. Paris, Delaplane, 1903, 135 p.

ÈPIGRAMMES.

Papavassiliou, G. A., Ἐπιγράμματα. (Ἀθ., XIV, 1-2, p. 202-208.)

ÉPIPHANE de Chypre. Ἔκθεσις πρωτοκλησίων πατριαρχῶν τε καὶ μητροπολιτῶν, armenisch und griechisch hrsg. von *Fr. Nick. Finck.* Marburg, Elwert, 120 p.
2 M. 50 Pf.

ÉPISTOLOGRAPHES.

Drerup. — Voir Démosthène.

ERATOSTHÈNE.

Nissen, H., Die Erdmessung des Eratosthenes. (Rh. M., LVIII, 2, p. 231-245.)

Reuss, Fr. — Voir Section X.

ERINNA. Traduction française. — Voir Pindare.

ESCHINE.

Drerup. — Voir Démosthène.

ESCHYLE. Orestie, traduction nouvelle, publiée avec une introduction sur la légende, un commentaire rythmique et des notes, par *P. Mazon.* Paris, Fontemoing, 1903, in-16.

— Aischylos. Perser. Hrsg. und erklärt von *H. Jurenka.* Textheft. Leipzig und Berlin, B. G. Teubner, 1902.

— — Einleitung und Kommentar. Ibid. 1902.

— Persae. Introd. and notes, by *A. Sidgwick.* Oxford, Clarendon Press. 1903. 3 sh.

— Prometheus bound, rendered into English verse by *E. R. Bevan.* London, Nutt, in-4.   5 sh.

— Sette contro Tebe, con note di *V. Inama.* Roma, Loescher, xxviii, 96 p.

— Septem contra Thebas. Introd. and notes by *A. Sidgwick.* Oxford, Clarendon Press.   3 sh.

Browder, J. B., The time elements of the Orestean trilogy. (Bull. of the Univ. of Wisconsin, nr. 62, philol. and literatur. ser., vol. II, nr. 1.)

Bushnell, O. G., To Brownings ed. of Aeschylus Agamemnon. (Proceed. of Amer. philol. Assoc., XXXII, p. xcvii-xcix.)

Earle, M. L., Of the prologue of « The Agamemnon ». (Cl. R. 1903, 2, p. 102-105.)

— Aesch. Prom. 2. (Proceed. of Amer. philol. Assoc., XXXII, p. xxviii.)

Estève. — Voir Section IX.

Gœthe, J. W.. Lettre inédite de *Gœthe* sur l'Agamemnon d'Eschyle. (R. E. G., janvier-avril 1903, p. 1-5.)

Green, E. L., Verbs compounded with prepositions in Aeschylus. (Proceed. of Amer. philol. Assoc., vol. XXXIII.)

Hale, F. A., A reason for the length of the first choral ode of the Agamemnon. (Proceed. of Amer. philol. Assoc., vol. XXXIII.)

Harry, J. E., A misunderstood passage in Aeschylus. (Trans. of Amer. philol. Assoc., 1901, p. 64-71.)

Headlam, W., Some passages of Aeschylus and others. (Cl. R., 1903, 5, p. 241-249.)

Hildebrandt, R., Zur Stylistik des Aeschylus. Progr. Magdeburg, in-4, 32 p.

Less, J. T., The Metaphor in Aeschylus. (Studies in hon. of Gildersleeve.)

Lucco, C., Per l'interpretazione di un passo dell' Agamemnone di Eschile [vv. 963-965]. (Boll. d. filol. class., IX, 6, p. 135-137.)

Mitchhoefer, A., Die Tragödien des Aeschylus auf der Bühne. Rede. Kiel, 14 p.

Phillimore, J. S., Note on Agamemnon 326. (Cl. R., 1903, 2, p. 105-106.)

Richards, H., Aeschylus, Pr. V., 1030. (Cl. R. 1902, 8, p. 393.)

Seelye, W. J., To Aeschylus (Choeph. 277 ss. and 367 ss.) (Proceed. of Amer. philol. Assoc., XXXII, p. cxxxviii-ix.)

Terzaghi, N., La irreligiosità nel Prometeo di Eschilo. (A. e R., nr. 43-44, p. 646-661.)

Tucker's, Choephoroi of Aeschylus. A rejoinder. (Cl. R. 1903, 2, p. 125-126.)

Vaigimigli, M., Ad Aesch. Προμ. δεσμ. 165 (ed. Wecklein). (Boll. d. filol. class., IX, 9, p. 208-210.)

Wilamowitz-Mœllendorff, U. von, Drei Schlussscenen griechischer Dramen. I : Der Schluss der Sieben gegen Theben. (S. Pr. Ak., 1903, 21, p. 436-450.)

ÉSOPE.

Becher, W., Eine aesopische Fabel auf einem römischen Grabstein. (N. J. Alt. 1903, 1, 1.) Abt. p. 74 ss.)

Keidel, G. C., Notes on fable incunabula, containing the Planudean life of Aesop. (Byz. Z., XI, 3-4, p. 461-467.)

ÉTIENNE de Byzance.

Kunze. — Voir Eustathe.

Stemplinger, E., Studien zu den Ἐθνικά des Stephanos von Byzanz. Progr. München, 39 p.

EUCLIDE.

Heiberg, J. L., Paralipomena zu Euklid. (H., 1903, 1, p. 46-74 ; 2, p. 161-201 ; 3, p. 321-356.

EURIPIDE. Euripides transl. into English rhyming verse by *G. Murray*. Illustr. London, G. Allen, 420 p.   7 sh. 6 d.

— Alkestis. Adapted for performance in girls' schools, by *E. Fogerty*. Words only. London, Sonnenschein.

— — By *T. H. Haydon*. Introd. text, notes. Oxford, Clarendon Press.   1 sh. 6 d.

— — Introd. Text, notes, transl. Ibid.   2 sh. 6 d.

— Iphigenia auf Tauris ; für den Schulgebrauch hrsg. von *S. Reiter*. Leipzig, Freytag, xxiv, 82 p., mit 6 Abbildgn.   1 M. 20 Pf.

— Medea; f. d. Schulgebr. hrsg. von *O. Altenburg*. Leipzig, Freytag, xx, 61 p., mit 4 Abb.   1 M.

Balsamo, A., Sulla composizione delle Fenicie di Euripide. [Studi ital. di filol., IX, p. 244-290.)

Bates, W. N., Date of Iph. in Tauris. (Proceed. of Amer. philol. Assoc., 1901, p. cxxii-cxxiv.)

Costanzi, V., Euripide, Alcesti, v v. 588 ss. (Riv. di storia ant. N. S., VII, 1, p. 63-66.)

Dragoumis, St. N., Κριτικὰ καὶ ἑρμηνευτικὰ εἰς Εὐριπίδην. [Φοιν., Ἱππόλυτος, Ἰφ. ἐν Αὐλίδι, Ἰφ. ἐν Ταύροις, Ἴων, Κύκλωψ.] (Ἀθ. XIV, 1-2, p. 37-44.)

— Κριτικὰ εἰς Ἰφ. τὴν ἐν Ταύροις. (Ibid., p. 123-126.)

Earle, M. L., On the use of no-pronominal Nominative, expressive of first person in Euripides. (ἡ τεκοῦσα ἀπόλλυμαι.) (Proceed. of Amer. philol. Assoc., XXXII, p. xcix-c.)

— Miscellanea critica. (Eurip. Med., 214-224 ; Hipp. 1-2.) (Ibid., p. xxviii-ix)

Estève. — Voir Section IX.

Fugger, H., Die Bakchen, ein Drama des Euripides. Progr., Hof, 38 p.

Harry, J. E., The use of κέκλημαι and the meaning of Euripides Hippolytus, 1-2. (Proceed. of Amer. philol. Assoc., XXXIII.)

Masqueray, P., Le cyclope d'Euripide et celui d'Homère. (R. des ét. anc., 1902, 3, p. 165-190.)

— Euripide et les femmes. (Ibid., 1903, 2, p. 101-119.)

Michelangeli, L. A., Note critiche al testo della Medea di Euripide. (Atti d. R. Acad. Peloritana, ann. XVIII.)

Moore, W. A., On Euripides Bacchae, 837. (Cl. R., 1903, 4, p. 192.)

Murray, A. T., The Interpretations of Euripides' Alcestis. (Studies in hon. of Gildersleeve.)

Robert, C., Le poignard d'Achille chez Euripide et les chevaux d'Hector sur le vase de Charès. (Mélanges Perrot, p. 303-306.)

Sanders, H. N., Did Euripides write σκύμνων Hippol. 1276? (Studies in hon. of Gildersleeve.)

Scarborough, W. S., Iphigenia in Euripides, Racine and Goethe. (Proceed. of Amer. philol. Assoc., 1901.)

Vogel, Fr., Zu Eurip. Medea, vv. 214-224. (Vogels Analecta, I.)

Wilamowitz-Moellendorff, U. von, Drei Schlussscenen griechischer Dramen, III : Der Schluss der Phönissen des Euripides. (S. Pr. Ak., 1903, 37, p. 587-600.)

Zielinski, Th., Quaestiuncula Euripidea. (Symbolae in hon. Cwiklinski.)

— Antike Humanität. II [Zu Eurip.] (N. J. Alt., 1902, 9, 1. Abt., p. 635-651.)

EUSÈBE. Eusebius' Werke. II. Bd. Die Kirchengeschichte. Bearb. von *E. Schwartz.* Die lat. Uebersetzung des Rufinus. Bearb. von *Th. Mommsen.* 1. Hälfte. (Die griech. christl. Schrifsteller der 1. drei Jahrh., IX, Bd., 1 Hälfte.) Leipzig, Hinrichs, III, 507 p.   16 M.

Châtelain, Em., Note sur quelques palimpsestes de Turin. (R. Ph., 1903, 1, p. 37-47.)

Gressmann, H., Studien zu Eusebs Theophanie. Diss. Kiel, 34 p.

— Même titre. (Texte und Untersuchgn zur Gesch. d. altchristl. Literatur, etc., N. F., VIII. Bd. 3. Heft, der ganz. Reihe, XXIII, 3.) Leipzig, Hinrichs, 1903, xi, 154 et 69 p.   8 M.

Harnack, Ad., Einige Bemerkungen zum 5. Buch der Kirchengeschichte des Eusebius nach der neuen Ausgabe von *Ed. Schwartz.* (S. Pr. Ak., 1903, 9, p. 200-207.)

Klostermann, E., Eusebius' Schrift περὶ τῶν τοπικῶν ὀνομάτων τῶν ἐν θεία Γραφῇ. (Texte und Untersuchgn z. Gesch. der altchristl. Litteratur, N. F., VIII, 2.)   5 M. 50 Pf.

Meyer, Ed., Zum babylonischen Schöpfungsbericht bei Eusebius. (Beitr. z. alt. Gesch., III, 1, p. 169.)

Montzka, H., Die Quellen zu den assyrisch-babylonischen Nachrichten in Eusebios' Chronik. (Beitr. zur alten Geschichte, II, 3, p. 351-405.)

Schwartz, E., Zu Eusebius' Kirchengeschichte. (Z. f. Neutestam. Wiss., IV, 1.)

Turner, C. H., Eusebius' Chronology of Felix and Festus. (J. of theol. Studies, 1901, p. 120-123.)

W. (Weyman), C., Eusebius von Caesarea und sein « Leben Constantins ». (Hist.-polit. Blätter, 1902, p. 873-882.)

EUSTATHE.

Kunze. — Voir Strabon.

ÉVHÉMÈRE.

Gils, P. J. M. van, Quaestiones euhemereae. Kerkrade-Heerlen, Alberts, 1903.

[EZÉCHIEL tragique].

Girardi, G. B., Di un dramma greco-judaico nell' età alessandrina. Venezia, Ferrari, 1903, 63 p.

GALIEN. Galenus, « Ueber die safterverdünnende Diät. » Uebersetzt und mit Einleitung und Sachregister versehen von *W. Frirboes* und *F. W. Kobert.* (Abhandlgn zur Gesch. der Medizin, hrsg. von Magnus, Neuburger und Sudhoff, 5. Heft. Breslau, Kern, vii, 52 p.   3 M.

Hennicke, O., Observationes criticae in Cl. Galeni Pergameni commentarios περὶ ψυχῆς πxθῶν καί ἁμαρτημάτων. Postdam, Jaeckel, 61 p.   1 M. 25 Pf.

Wellmann, M., Zu Galens Schrift περὶ κράσεως καὶ δυνάμεως τῶν ἁπλῶν φαρμάκων. (H., 1903, 2, p. 292-304.)

Westermann, G., De Hippocratis in Galeno memoria quaestiones. Diss. Berlin, 50 p. 2 M.

GEORGES GÉMISTHUS PLÉTHON. — Voir Pléthon.

GEORGES L'ACROPOLITE. Georgii Acropolitis opera. Rec. *A. Heisenberg.*

Vol. prius, continens historiam, breviarium historiae, Theodori Scutariotae additamenta. Leipzig, Teubner, 1903, xxiv, 366 p. 8 M.

GNOSTIQUES.

Mead, G. R. S., Fragmente eines verschollenen Glaubens. Kurzgefasste Skizzen über die Gnostiker, besonders während der zwei ersten Jahrhunderte. Ein Beitrag zum Studium der Anfänge des *Christenthums, unter* Berücksichtigung der neuesten Entdeckungen. Deutsch von *A. von Ulrich.* Berlin, Schwetschke, xxvii, 511 p. 10 M.

GORGIAS.

Fuhr, K., Zur Ueberlieferung von Gorgias' Helena. (Berl. philol. Woch., 1903, nr. 2, p. 61.)

GRAMMAIRIENS. Grammatici graeci recogniti et apparatu critico instructi.
Vol. 1, fasc. 1 : Apollonii Dyscoli quae supersunt. Recensuerunt, apparatum crit., commentarium, indices adjecerunt *R. Schneider* et *G. Uhlig.* — Fasc. 2, *R. Schn.* comment. crit. et exegeticum in Apollonii scripta minora continens. Leipzig, Teubner, iii, 274 p. 16 M.

Berndt. De Charete, Chaeride, Alexione grammaticis eorumque reliquiis. Pars prior : Charetis, Chaeridisque fragmenta quae supersunt. Diss. Koenigsberg, 67 p.

GRÉGOIRE DE NAZIANZE.

Ackermann, W., Die didaktische Poesie des Gregorius von Nazianz. Diss. Leipzig, 1903, 107 p.

Misier, A., Les manuscrits parisiens de Grégoire de Nazianze (suite.) (R. Ph., 1902, 4, p. 378-391. — 1903, 1, p. 26-36.)

— Origine de l'édition de Bâle de St Grégoire de Nazianze. (Ibid., 1903, 2, p. 125-138.)

GRÉGOIRE DE NYSSA. Gregorii Nysseni (Nemesii [Emeseni]) περὶ φύσεως
ἀνθρώπου liber a Burgundione in latinum translatus. Nunc primum ex libris manuscriptis edidit et apparatu critico instruxit *C. M. Burkhard.* Pars IV, capp. 26-36 continens. Pars V, capp. 36-42 continens. Progr. Vindobonae, 1901, 21 p.; 1902, 28 p.

Srawley, J. Herbert, The catechetical oration of Gregory of Nyssa. Cambridge, University Press, 1903. (Cambridge Patristic texts, vol. II.)

HAGIOGRAPHES.

Bidez. — Voir MALALAS.

HÉLIODORE.

Fritsch, J., Der Sprachgebrauch des griechischen Romanschriftstellers Heliodor, und sein Verhältnis zum Atticismus. II. Progr. Kaaden, 34 p.

Oeftering, M., Heliodor und seine Bedeutung für die Litteratur. Berlin, 1901, 176 p.

HELLANICUS.

Costanzi, V., Paralipomena. [VII. Ellanico.] (Riv. di stor. ant., N. S., VII, 1, p. 66-68.)

Kullmer, H., Die Historiai des Hellanikos von Lesbos. Ein Rekonstruktionsversuch. (Jahrb. f. Philol., 27. Suppl. Bd, 3. Heft, p. 455-696.)

HÉRACLITE, Περὶ ἀπίστων. — Voir MYTHOGRAPHES.

Pelthmann, E. C. H., Aeltere griechische Philosophen. Berichte über deren Leben, Lehren und Schriften. I. Heraclit. (Biogr. antiqua, Serie H, Heft 1.) Ditterfeld, Raumann, 20 p. 25 Pf.

HERMAS (Pasteur d').

Leipoldt, J., Der Hirt des Hermas in Saïdischer Uebersetzung. (S. Pr. Ak., 1903, 13, p. 261-268.)

HERMOGÈNE.

Rabe, H., Hermogenes-Handschriften. (Rh. M., LVIII, 2, p. 209-217.)

HÉRODAS. — Voir HÉRONDAS.

HÉRODIEN.

Egenolff, P., Zu Lentz' Herodian. II. (Ph. XV, 4, p. 540-576.)

— III. (Ibid., XVI, 1, p. 39-63.)

Leidenroth, B., Indicis grammatici ad scholia Veneta A exceptis locis Herodiani specimen. II. Progr. Leipzig, Dürr, 1903, in-4, 30 p. 1 M. 50 Pf.

HÉRODOTE.

Abbott, G. F., On Herodotus, I, 207. (Cl. R., 1903, 1, p. 57.)

Archibald. — Voir Section XI.

Costanzi, V., Paralipomena. V. [Erod. VI, 126.] (Riv. d. stor. ant., N. S. VII, 1, p. 60-63.)
— VIII. [Erod., VI, 40.] (Ibid., p. 69-75.)

Cumont, Fr., Le dieu Ortolat d'Hérodote. (R. A., 1902, mai-juin, p. 297-300.)

Lipsius, J. H., Der Schluss des Herodotischen Werks. (Leipzig. Studien z. class. Philol., Bd. XX.)

Prasek, J. V., Herodot und die Urheimat der Slaven. (Ciské Museum filol., 1902, 1-2, p. 47-62.)

Richards, H., Herodotus, VI, 52. (Cl. R. 1902, 8, p. 394.)

Schmitt, H., Präparationen f. d. Schullektüre, 77. Heft. Hannover, Gœdel, 22 p.   55 Pf.

Tkac, J., Herodotea. (VII, 22; VI, 64; VI, 115; V, 69; VIII, 142; I, 96.) Progr. Wien, 1901.

Tolman, H. C., The Temple of Zeus Βῆλος in Herodotus I, 181. (Proceed. of Amer. philol. Assoc., XXXII, p. xcvi-vii.
— The Persian βασιλήιοι Θεοί of Herodotus, III, 65, V, 106. (Ibid., XXXIII.)

Truffi, R., Erodoto tradotto da Guarino Veronese. [Estr. d. Studi ital. di filol., vol. X.] Firenze, Seeber, p. 73-94.

Verrall, A. W., Two unpublished inscriptions from Herodotus. (Cl. R., 1903, 2, p. 98-102.)

Wheeler, B. J., Herodotus' account of the battle of Salamis. (Trans. of Amer. philol. Assoc., XXXIII.)

HÉRON D'ALEXANDRIE. Heronis Alexandrini opera quae supersunt omnia. Vol. III. Rationes dimetiendi et commentatio dioptrica. Rec. *H. Schœne.*
— Herons von Alexandria Vermessungslehre und Dioptra. Griechisch und deutsch von *H. Schœne.* Leipzig, Teubner, xxi, 366 p., 116 fig.   8 M.

Koppe, E., Ein Beitrag zur Zeitbestimmung Herons von Alexandria. Progr. Hamburg, in-4, 7 p.

Schmidt, W., Leonardo da Vinci und Heron von Alexandria. (Biblioth. mathem. 3. F., III, 2, p. 180-187.)   10 figg.
— Zu Herons Automatentheater. (H., 1903, 2, p. 274-279.)

HÉRONDAS. Herondae Mimiambi. Accedunt Phœnicis Coronistae, Mattii Mimiamborum fragmenta. Tertium edidit *Otto Crusius.* Ed. minor, exemplar emendatum. Leipzig, Teubner, 1903, 96 p.   2 M. 40 Pf.

Krakert, H., Herodas in Mimiambis quatenus comœdiam graecam respexisse videatur. Progr. Tauberbischofsheim, 48 p.

Ludwich, A., Zum ersten Mimus des Herondas. (Berl. philol. Wochenschr., 1902, nr. 27, p. 860-862.)

HÉSIODE. Hesiodi Carmina. Accedit Homeri et Hesiodi certamen. Recensuit *A. Rzach.* Leipzig, Teubner, xv, 460 p.   18 M.
— Œuvres et jours d'Hésiode trad. en polonais par *K. Kaszewski.* (Symbolae in hon. Cwiklinski.)   23 p.

Allen, T. W., The ancient name of Gla. (Hes. fragm. 38.) (Cl. R., 1903, 5, p. 239-240.)

Kunneth, Chr., Der pseudohesiodeische Heraklesschild, sprachlich-kritisch untersucht. 2. Tl. Progr. Erlangen, Blaesing.   60 Pf.

Sihler, E. G., Studies in Hesiod. (Proceed. of Amer. philol. Assoc., XXXIII.)

HÉSYCHIUS.

Lüders, H., Eine indische Glosse des Hesychios. (Z. f. vergl. Sprachen, XXXVIII, 3, p. 433-434.)

Roscher. — *Voir Section XI.*

HIPPOCRATE. Une version syriaque des Aphorismes d'Hippocrate. Texte et traduction. 1re partie. Texte syriaque, par *H. Pognon.* Leipzig, Hinrichs, xl, 32 p.   12 M.

Schœne, H., Bruchstücke einer neuen Hippokratesvita. (Rh. M., LVIII, 1, p. 56-66.)

Westermann. — Voir GALIEN.

HIPPOLYTE (Saint). Hippolyt's Kommentar zum Hohenlied auf Grund von *N. Marrs* Ausgabe des grusinischen Textes, hrsg. von *G. Nathanael Bonwetsch.* (Texte und Untersuchgn, etc., N. F. VIII, 2.)   5 M. 50 Pf.

Butler, E. C., An Hippolytus fragment and a word on the Tractatus Origenis. (Z. f. neutestam. Wiss., IV, 1.)

Draeseke. J., Zum Syntagma des Hippolytos. (Z. f. wiss. Theol., N. F., XI, 1, p. 58-80.)

Wilamowitz-Mœllendorff. U. von, Lesefrüchte. [XC : Zu Hippolyt. Refutat., V, 9, p. 168 Gott. — XCI : Ibid., V, 7, p. 134.] (H. 1902, 3, p. 328-332.)

HOMÈRE. Homeri carmina. Recensuit et selecta lectionis varietate instruxit *Arth. Ludwich.* Pars 1. Ilias. Vol. 1. Leipzig, Teubner, gr. in-8, xix, 514 p. 16 M.

— L'Iliade commentata da *C. O. Zuretti.* Vol. V : Libri XVIII-XX. Roma, Loescher, 1903, xii, 173 p.

— Iliad. Transl. by *Alexander Pope.* London, Richards, 1903, in-12, 544 p. 12 sh.

— Iliade, B. VII. Traduction polonaise en vers, par *J. Czubeck.* (Symbolae in hon. Cwiklinski.) 13 p.

— Odyssee in der Uebersetzung von *J. H. Voss.* Schulausgabe mit Einleitung und Erläuterungen von *Fr. Weineck.* Stuttgart, Cotta, 1903, in-12, 251 p.
1 M. 20 Pf.

— Odyssee nach der 1. Ausgabe der deutschen Uebersetzung von *J. H. Voss.* Für d. Schulgebrauch verkürzt und eingerichtet mit Anmerkungen von *H. Vockeradt.* Paderborn, Schöningh, 1903, 170 p.

— Odyssee in der Sprache der Zehnjährigen erzählt von *H. Otto.* Mit 10 Vollbildern v. *Fr. Preller*, Vorrede an Eltern, Lehrer und Erzieher v. *Berth. Otto.* Leipzig, Th. Scheffer, 1903, vii, 102 p. 2 M. 25 Pf.

Bachmann. W.. — Voir Aristarque.

Balsamo, A., Cratete di Mallo e la sua interpretazione di Omero. (Riv. di filol.. 1903, 2, p. 193-219.)

Becker. Die Vorgeschichte zur Haupthandlung der Ilias. (Forsetzg.) Progr. Neu-Strelitz, in-4, 30 p.

Bérard. V., Les Phéniciens et l'Odyssée. T. Ier. Paris, A. Colin, vii, 507 p. Figures.

— Les origines de l'Odyssée. II : Nausikaa. (R. des 2 mondes, 1902, 1er juin.)

Brugmann.. K.. Homerisch συνοχωχότε (B, 218). (Indog. Forschgn., XIII, 3-4, p. 280.)

Brugnola, V.. Cinematografia in Omero. (Riv. d'Italia, déc. 1902.)

Cauer (P.). Bericht über die Literatur zu Homer (höhere Kritik), 1888-1901. (Bursians Jahresb., 1902, 4-5, 1. Abt., p. 113-131.)

Costanzi. V., Paralipomena. III : [Hom. Il.] (Riv. d. stor. ant., N. S., VII, 1, p. 46-49.)

— V : Identificazione della Trinacria col Peloponneso. (Ibid., p. 57-60.)

Dielitz. Th., Homerische Formenlehre. Ein Repetitionsbuch für Gymnasien. 2. Aufl. Altenburg, Pierer, 24 p. 40 Pf.

Doerpfeld. W., Das homerische Ithaka. (Mélanges Perrot, p. 79-94.)

Drahelm. — Voir Section X.

Eitrem, S., Hymn. Hom. in Cererem. (Ph. XV, 4, p. 632-633.)

Fencl, J., Stitech bohatyru Homerskych. Progr. Prague, 1901, 38 p.; 2 pl.

Fraccaroli. G., Les armes dans l'Iliade. (En italien.) (Atti d. R. Accad. di Torino, XXXVII, 8-9, p. 303-319.

Fries. A., Zu Goethes Ilias-Studien. (Chronik des Wiener Goethe-Vereins, XVI, 11-12.)

Fuhr. K.. Περὶ τῆς καθ' Ὅμηρον ῥητορικῆς. (Berliner philol. Wochenschr., 1902, nr. 48, p. 1499-1500.)

Gardikas. — Voir Section XII.

Gatscha, F., Zum Schild des Achilles. Progr. Saaz, 3 p.

Godley. A. D., The Homeric πολέμοιο γέφυραι. (Cl. R. 1903, 1, p. 3.)

Haggett. A. S., On the uses of prepositions in Homer. (Studies in hon. of Gildersleeve.)

Hammer. W. A., Homer in Platt. (Beil. z. Münchner Allg. Zeitung, 1902, nr. 114.)

Heiberg. J. L., Mere Homerkritik. Svar til Dr. Sarauw og Dr. Taxen. (Nord. Tidskr. f. filol., XI, 1, p. 1-20.)

Henry. R. M., On the original conclusion of the Ἀλεξάνδρου καὶ Μενελάου μονομαχία. (Cl. R., 1903, 2, p. 96-98.)

Hentze. C., Die Formen der Begrüssung in den homerischen Gedichten. (Ph., X, p. 321-355.)

— Der imperativische Infinitiv in d. hom. Ged. (Beitr. z. Kunde der indog. Sprachen, XXVII, 1-2, p. 106-137.)

Hoffmann, Erläuterungen zu Homers Odyssee im Auszuge. (König's Erläutergn zu den Klassikern, 59-60 Bdchn.) Leipzig, H. Beyer, in-12.   à 40 Pf.

Herwerden, H. van, Homerica. Ad Odysseam. (Mn., XXXI, 1, p. 17-32.)

Henbach, H., Quibus vocabulis artis criticae propriis usi sint Homeri scholiastae. II. Progr. Eisenach, 1903, in-4, 17 p.

Jentsch, K., Homer lebt immer noch. (Die Zeit, 1902, nr. 429.)

Joeris, M., Ueber Homerübertragung mit neuen Proben. Leipzig, 70 p.

Kahlenberg, K., De paraphrasis homericae apud tragicos poetas graecos vestigiis quaestiones selectae.

Klussmann, M., Anthropologische und ethnologische Fragen der neuesten Homerforschung. (Verhandl. d. Ges. deutscher Naturforscher und Aerzte. 73. Versammlg zu Hamburg, 1901, 1. Hälfte, p. 291.)

Kohl, O., Kanon für die Lesung der Odyssee nach den neuen Lehrplänen. (Z. f. d. Gymnasialwesen, 1902, 11, p. 689-700.)

Kubik, J., Wie kann die Vertiefung in den Inhalt eines gelesenen Autors gefördert werden? (Mit besonderer Rücksicht auf Hom. Il. I, II.) Progr. Trübau, 1900, 20 p.

Lang, N., Odysseus Razaja. Progr. Budapest, 16 p.

Lehner, F., Homerische Göttergestalten in der antiken Plastik. Progr. Linz, 31 p. Abbildgn.

Ludwich, Arth., Ueber die Papyrus-Commentare zu den homerischen Gedichten. Progr. Königsberg, Schubert u. Seidel, in-4, 24 p.   30 Pf.

— Beiträge zur Homerischen Handschriftenkunde. (Jahrb. f. kl. Philol., 27 Suppl.-Bd., 1. Heft, p. 31-81.)

-- Textkritische Untersuchungen über die mythologischen Scholien zu Homers Ilias. III. Progr. Königsberg, 1903, 24 p.

Ludwig, A., Ueber die Unmöglichkeit einer sog. Urilias. (Sitzungsb. d. Böhm. Gesellschaft d. Wiss.) Prag, 1901.   48 Pf.

— Ueber die vermeintliche Nothwendigkeit eines epos Οἶτος Ἰλίου anzunehmen, mit einigen Bemerkungen über N-T. (Ibid.). T. à p. Prag, Rivnac, 1903, 20 p.   30 Pf.

Mackensen, L. Ein Canon für die Lectüre der Odyssee in der Secunda. (Lehrproben und Lehrgänge, Heft 73.)

Masqueray. — Voir EURIPIDE.

Muelder, D., Das Kyklopengedicht der Odyssee. (H., 1903, 3, p. 414-455.)

Mustard, W. P., Homeric echoes in Matthew Arnolds « Balder dead ». (Studies in hon. of Gildersleeve.)

Mutzbauer, C., Die Entwickelung des sogenannten Irrealis bei Homer. (Ph. XV, 4, p. 481-502.)

Naumann, E., Jahresbericht über Homer mit Ausschluss der höheren Kritik. Jahresb. d. philol. Vereins zu Berlin, 1902, p. 189-192. Z. f. Gymnasialwesen, 1902, 7. (voir le détail dans : Bibliotheca philologica classica, vol. XXIX, p. 154.)

Olivieri, A., Interpolazioni nell' episodio degli amori tra Ares ed Afrodite. (Od. θ, 266-366.) (Riv. di filol., XXX, 4, p. 580-584.)

Paulatos, N., Ἡ ἀληθὴς Ἰθάκη τοῦ Ὁμήρου. Athènes, Typ. Corinna, 30 p.

Peppmueller, R., Zu Φ, 48. (Ph., XV, 4, p. 635-636.)

Perrot, G., Les Phéniciens et l'Odyssée. (J. des Sav., oct. 1902, p. 539-556.) ,

Petersdorff, Rud., Germanen und Griechen, etc. Voir SECTION X.

Petrozziello, M., L'invio di Pátroclo nell' Iliade (Riv. di stor. ant., N. S., VI, 3-4, p. 349-365.)

Pharmakeus, N. K. P., Ἡ ἀληθὴς Ἰθάκη τοῦ Ὁμήρου. Ἀρχαιολογικὴ μελέτη. Ἔκδ. β'. Athènes, Typ. Korinna, 1903, 30 p.

Reussinger, K., Leukas, das homerische Ithaka. (Bl. f. Bayr. Gymnasialschulw., 1903, 5-6, p. 369-402.)

Rothe, C., Jahresbericht über Homer, höhere Kritik. (Jahresberichte d. philol. Ver. zu Berlin, 1902, p. 129-188. — Z. f. Gymnasialwesen, 6-7.) Voir le détail, Biblioth. philol. class., 1902, p. 155.

Schmid, W., Die Ilias des Apellikon. (Ph., XV, 4, p. 633-635.)

Schrader, H., Telephos der Pergamener Περὶ τῆς καθ' Ὅμηρον ῥητορικῆς. (H., 1902, 4, p. 530-581.)

Scott, J. A., Homeric notes. [sur six passages.] (Cl. R., 1903, 5, p. 238-239.)

Stengel. P., Οὐλοχύται [Il. A, 449, 458, etc.] (H., 1903, 1, p. 38-45.)

Stolz, Fr., Nachträgliches zu Phil. LXI, 70 ff. [Contra Hentze, Der sociative Dativ, etc.]

Szezurat. B., De infinitivi homerici origine casuali. Progr. Brody, 17 p.

Trenkel. P., Odysseestudien. Zur Phäakis und Telemachie. Progr. Bernburg, 1903, in-4°, 32 p.

Valaori. J., De vocalibus αα, αε, αη, αο, αω apud Homerum non contractis. Diss., Berlin, 69 p.

Weber. E., *Ueber den Homerus latinus.* (Ph., XV, 4, p. 528-539.)

Wetzel.T., Untersuchungen zu Buch XVI der Ilias. Progr. Halle, 1901, in-4°, 17 p.

Witte. M., Der erste Gesang von Homers Odyssee im Versmass der Urschrift. Progr. Kreuzburg o. S., 1903, 12 p.

IGNACE (saint). Ignatii Antiocheni et Polycarpi Smyrnaei epistulae et martyria. Ed., adnotationibus instruxit *Ad. Hilgenfeld.* Berlin, Schwetschke u. Sohn, xxiv, 384 p. 12 M. 80 Pf.

Hilgenfeld. A., Die Ignatiussbriefe und die neueste Verteidigung ihrer Echtheit. (Z. f. Wiss. Theol., N. F., XI, 2, p. 171-194.)

Jannaris, A. N., An ill-used passage in Ignatius (ad Philad., 8, 2.) (Cl. R., 1903, 1, p. 24-25.)

Serruys. D., Communication relative à la découverte, dans le monastère de Vatopédi (mont Athos), d'un manuscrit du xᵉ siècle contenant 64 lettres du patriarche Ignace. (S. Ac., I., janvier-février 1903, p. 38-40.)

ION.

Scott. J. A., A tragic fragment of Ion. (Studies in hon. of Gilderslseve.)

ISÉE. — Voir Orateurs.

Papavassiliou. G. A., Κριτικαί παρατηρήσεις. Ε' : Εἰς Ἰσαίου τὸν περὶ Κλεωμένου κλῆρον 11. (Ἀθ. XIV, 1-2, p. 194-195.)

Thalheim. Th., Zu Isaios [note sur 9 passages.] (H., 1903, 3, p. 456-467.)

ISOCRATE. Isokrates' Panegyrikos. Hrsg. und erklärt von *J. Mesk.* Textheft, Einleitung und Kommentar. (Meisterwerke der Griechen und Römer in kommentierten Ausg. 11.) Leipzig, Teubner, iv, 49, 66 p. 1 M. 40 Pf.

Drerup. — Voir Démosthène.

Emminger. K., Pseudo-Isokrates' πρὸς Δημόνικον. I. (Jahrbb. f. class. Philol., 27. Suppl.-Bd. 2. Heft, p. 373-442.) [Texte attribué à Théodore de Byzance.]

Fuhr. K., Zu griechischen Prosaikern. I : Ein Paar Verballhornungen in der Vulgate. [2 : Isokrates an König Philipp, § 46.] (Rh. M., LVII, 3, p. 423-424.)

Weniga, K., Isokratur panhellenismus. (Listy filol., 1903, 2, p. 100-106.)

HALICUS.

Horna. — Voir Manassès.

Papageorgiou. Ph., Zu Manasses und Halikos. (Byz. Z.. XII, 1-2, p. 258-260.)

JAMBLIQUE.

Tœpfer. K., Die sogenannten Fragmente des Sophisten Antiphon bei Jamblichos. Progr. Arnau, 48 p.

JEAN CAMATÈRE.

Weigl. Ludw., Studien zu dem unedierten astrologischen Lehrgedicht des Joannes Kamateros. Wurzburg ; München, A. Buchholtz, 58 p. 1 M. 60 Pf.

JEAN CHRYSOSTOME (saint).

Gifford. S. K., Pauli epistolas qua forma legerit Johannes Chrysostomus. (Diss. philol. Halenses, vol. XVI pars 1.) 2 M. 40 Pf.

JOSÈPHE. Josephus, Jüdischer Krieg, aus dem Griechischen übersetzt und mit einem Anhang ausführlicher Bemerkungen versehen, von *Ph. Kohout.* Linz, Qu. Haslinger, 1901, x, 815 p. 10 M.

Draeseke. J., Noch einmal zum Philosophen Joseph. (Z. f. wiss. Theol., N. F., X, 4, p. 564-568.)

Lehmann. C. F., Menander und Josephos über Salmanasar IV. (suite.) (Beitr. z. alten Gesch. II, 3, p. 466-472.)

JULIEN, empereur.

Allard. P., Julien l'Apostat. Paris, Lecoffre, 1902-1903, 3 vol.

Asmus, R., Julians Brief an Dionysios. (A. G. P., VIII, 4, p. 425-441.)

— Julians Brief an Orelbasios. (Ph., XV, 4, p. 577-592.)

— Julians Brief über Pegasius. (Z. f. Kirchengesch., 1902, p. 479-495.)

Platt, A., Notes on Julian's first oration. (Cl. R., 1903, p. 150-152.)

Ramundo, G. S., Commodiano e Giuliano l'Apostata. (Scritti vari di filologia.) Roma, Forzani, 1901, in-4°, 14 p.

Rotta, P., L'Iniziativa di Giuliano l'Apostata. (Rassegna nazionale, anno XXIV, vol. 123, p. 659-677.)

JUSTIN (saint).

— Exhortation aux Grecs. — Voir Platon.

Gaul, W., Die Abfassungsverhältnisse der pseudojustinischen « Cohortatio ad Graecos ». Berlin, Schwetschke, 1903, vii, 100 p. ; 1 Taf.

Widmann, W., Die Echtheit der Mahnrede Justins d. Mart. an die Heiden. (Forschgn. z. christl. Litteratur und Dogmengesch. hrsg. von A. Ehrhardt und J. P. Kirsch, III. Bd., 1 H.) Mainz, Kirchheim, 164 p.

LÉONIDAS D'ALEXANDRIE.

Radinger, K., Zur griechischen Anthologie. II : Leonidas von Alexandrien. (Rh. M., LVIII, 2, p. 294-307.)

LEONTIUS.

Filler, E., Quaestiones de Leontii Armenii historia. Diss. Leipzig, 1903, 37 p.

LONGIN (Pseudo).

Sladek, V., Dionysius neb Longinus spis O vznesenu Slovesném. Progr. Prag.

Arnim, H. von, Zur Schrift vom Erhabenen [περὶ ὕφους]. (W. St., 1902, 2, p. 448-451.)

LUCIEN, Dialogues des courtisanes. Traduction nouvelle de *J. de Marthold.* Compositions et lithographies d'*E. Berchmans.* Paris, Lahure, 1903, viii, 141 p.

— Mortuorum dialogi, nonnullis Patrum Societatis Jesu notis et indice vocabulorum illustrati ad usum scholarum. Tours, Mame, 1903, in-16, 124 p.

— Le Songe ou le Coq, expliqué littéralement, trad. en fr. et annoté par *M. Feschotte.* Paris, Hachette, in-16, 118 p. 1 fr. 50 c.

— True history. Translated by *F. Hickes.* Illustr. by *W. Strang* and others. Introd. by *C. Whibley.* London, Bullen. 7 sh. 6 d.

Fritzsche, H., Präparation zu Lucian's Traum und Timon. (Krafft und Ranke Präparationen für die Schullektüre, 75. Heft.) Hannover, O. Goedel, 26 p. 60 Pf.

Green. — Voir Section VIII.

Helm, R., Lucian und die Philosophenschulen. (Fors.) (N. J. A. 1902, 4, 1. Abt., p. 263-278 ; 5, p. 351-369.)

Penick, D. A., Notes on Lucian's Syrian goddess. (Studies in honour of Gildersleeve.)

Petrik, V., Lukianuv Rybac cili z mrtvych vstali. Progr. Slan 1900-1.

Richards, H., Lucian (?), Amores, 44. (Cl. R., 1902, 8, p. 396.)

Ruelle, C. E., ἀπότολμος, « audax » non « inaudax ». [Lucien, Jup. trag., 27, p. 673.] (R. Ph., 1902, 3, p. 278.)

Schwartz, K. G. P., Ad Lucianum. (Mn., 1902, 4, p. 361-366 ; — 1903, 1, p. 47-64.)

Steinberger, J., Lucians Einfluss auf Wieland. Diss. Göttingen, 157 p.

LYCURGUE. Lycurgi Oratio in Leocratem. Post Car. Scheibe ed. *Frid. Blass.* Ed. stereot. minor. Leipzig, Teubner, 62 p. 60 Pf.

LYSIAS. Reden *gegen Eratosthenes und über den Oelbaum.* Hrsg. und erkl. von *E. Sewera.* Textheft, Einleitung und Kommentar. (Meisterwerke etc.) Leipzig, Teubner. 1903. v, 42, 55 p. ; 1 Taf. 1 M. 20 Pf.

— Pro Mantitheo and Pro Invalido. Literally transl. by *J. A. Prout.* London, Cornish. 1 sh. 6 d.

— Voir Orateurs.

Polak, H. J., Paralipomena Lysiaca. (contin.) (Mn. XXXI, 2, p. 157-184.)

Simon, J., Präparation zu Lysias's ausgew. Reden. (Krafft und Rankes Präparationen, etc. 73, H.) Hannover, Goedel, 15 p. 40 Pf.

Schneider, V., Pseudo-Lysias κατ' Ἀνδοκίδου ἀσεβείας. (VI) (Jahrbb. f. class. Philol. 27. Suppl.-Bd., 2. H., p. 352-372.) [Texte attribué à Théodore de Byzance.]

Vogel, Fr., Zu Lys. XXI, 11. (Analecta, dans la Section II.)

MALALAS.

Bidez, J., Sur diverses citations, et notamment sur trois passages de Malalas retrouvés dans un texte hagiographique. (Byz. Z., XI, 3-4, p. 388-394.)

Conybeare, F. C., The relation of the Paschal chronicle to Malalas. (Byz. Z., XI, 3-4, p. 395-405.)

MANASSÈS.

Horna, K., Einige unedierte Stücke des Manasses und Italikos. (Jahresb. d. K. K. Sophiengymnasiums in Wien, 1901-2.) Separatabdruck. Wien, 26 p.

Papageorgiou. — Voir ITALICUS.

Sternbach, L., Constantini Manassae ecphrasis inedita. (Symbolae in hon. Cwiklinski), 10 p.

— Constantini Manassae versus inediti. (W. St., 1902, 2, p. 473-477.)

MARC-AURÈLE.

Fabre. — Voir SECTION III.

Lindsay, J., The ethical philosophy of Marcus Aurelius. (A. G. Ph., IX, 2, p. 252-258.)

Stich, H., Handschriftliches zu Marcus Antoninus. (Blätter f. Bayr. Gymnasialschulwesen, 1902, 7-8, p. 516-523.)

MARTYROLOGES. Acta martyrum selecta. Ausgewählte Märtyrakten und andere Urkunden aus der Verfolgungszeit der christlichen Kirche, hrsg. von *Oskar von Gebhardt.* Berlin, Duncker, XII, 260 p.   4 M.

Ausgewählte Märtyrenakten, hrsg. von *Rud. Knopf.* Tübingen, Mohr, 1901.
2 M. 50 Pf.

Achelis, U., Die Martyrologien, ihre Geschichte und ihr Wert. (Abhandlgn d. Kgl. Gesellsch. der W. zu Göttingen, Philol.-hist. Kl., N. F., III, 3.) Berlin, Weidmann, VIII, 247 p.

MÉNANDRE, poète comique.

Dziatzko, K., Das neue Fragment der Περικειρομένη des Menander. (Jahrbb. f. cl. Philol., 27. Suppl.-Bd., 1. H., p. 123-134.)

Legrand, Ph.-E., Pour l'histoire de la Comédie nouvelle. 1. Le Δύσκολος et les Ἐπιτρέποντες de Ménandre. (R. E. G., 1902, nov.-déc., p. 357-369.)

Papavassiliou, Zu Menanders Περικειρ. (Κριτικαὶ πχρατηρήσεις.)

Richards, H., Menander (Kock, 3, 155; Meineke, 4, 277.) (Cl. R., 1902, 8, p. 394.)

MÉNANDRE, historien.

Lehmann. — Voir JOSÈPHE.

Sihler, E. G., Cæsar and Menander. (Proceed. of Amer. philol. Assoc., XXXII, p. CI-CIII.)

MENELAUS.

Bjornbo, A. A., Studien über Menelaos' Sphärik. Beiträge zur Geschichte der Sphärik und Trigonometrie der Griechen. (Abh. z. Gesch. d. mathem. Wiss., Heft 14.)

MUSONIUS.

Major, J. E. B., Musonius and Simplicius. (Cl. R., 1903, 1, p. 23-24.)

MYTHOGRAPHES. Mythographi graeci. Vol. III, fasc. 2 : Palaephati περὶ ἀπίστων. Heracliti qui fertur libellus περὶ ἀπίστων. Excerpta vaticana (vulgo Anonymus de Incredibilibus.) Ed. *N. Festa.* Leipzig, Teubner, LIII, 128 p.
2 M. 80 Pf.

NÉMÉSIUS. — Voir GRÉGOIRE DE NYSSE.

NICANDRE.

Forter, B. O., Nicander and Vergil. (Proceed. of Amer. philol. Assoc., XXXIII.)

NICÉPHORE-MOSCHOPOULOS.

Papadopoulos-Kerameus, A., Νικηφόρος Μοσχόπουλος. (Byz. Z., XII, 1-2, p. 215-223.)

NILUS DOXOPATER, Τάξις τῶν πατριαρχικῶν θρόνων, armenisch und griechisch hrsg. von *Fr. Nikol. Finck.* Marburg, Elwert, IV, 46 p.   2 M. 50 Pf.

OLYMPIODORE, historien.

Praechter, K. — Voir Cédrénus.

ORACULA CHALDAICA.

Bidez. — Voir Section XI.

ORATEURS. Attische Redenaars. I. deel : Antiphon, Lysias en Isaeus, door
J. H. Th. Hemotege. Kerkrade-Heerlen, Alberti.   1 fl. 90 c.

Green. — Voir Thucydide.

ORIGÈNE.

Barewicz, W., La démonologie des néoplatoniciens et d'Origène. (En polonais.) (Symbolae in
hon. Ciwliński, 30 p.)

Butler. — Voir Hippolyte (St).

Chapman, J., Origen and the date of Pseudo-Clement. (The J. of theol. studies, 1902,
p. 436-441.)

Gregg. J. A. F., The commentary of Origen upon the epistle to the Ephesians. Part III :
Eph. IV, 27-VI, 24. (J. of theol. Studies, 1902, p. 233-244; 398-420.)

Preuschen, E., Bibelcitate bei Origenes. (Z. f. neutestam. Wiss., IV, 1.)

Serruys. D., Anastasiana. II. Les signes critiques d'Origène. (Mél. d'arch. et d'hist. p. p.
l'École française de Rome, XXII, 2-3.)

ORPHICA.

Harrisson, J. C., Dante's Eunoe and an Orphic tablet. (Cl. R., 1903, 1, p. 58.)

PALÉPHATE. — Voir Mythographes.

Croenert, W., De Palaephati codice Harrisiano. (Rh. M., LVIII, 2, p. 308-314.)

PALLADAS.

Franke, A., De Pallada epigrammatographo.

PAPYROLOGIE.

— Grenfell, B. P. and A. G. Hunt, Ptolemaic papyri in the Gizeh-Museum. II.
(Arch. f. Papyrusf., II. 1, p. 79-84.)

— Grenfell, Hunt and J. G. Smily, The Tebtunis papyri. Part. I. Oxford, Clarendon
Press, xix, 674 p., 9 pl.

— Papyri graecae Musei Britannici et Musei Berolinensis. Ed. a *Car. Kalbfleisch.*
Progr. Rostock, Warkentien, in-4, 14 p.; 2 lichtdr.-Taf.   2 M.

Brugi, B., I papiri greci d'Egitto e la storia del diritto romano. (Atti d. R. Istituto Veneto,
t. LXI, disp. 10, p. 807-814.)

Busche, K., Die Papyrusschätze Aegyptens. (Die Grenzboten, 1902, 3, p. 144-152.)

Cavaignac, E., Le § 7 du papyrus de Strasbourg. (R. Ph., 1903, 2, p. 156-163.)

Comparetti. — Voir Section III.

Costa. — Voir Section XII.

Croenert, W., Denkschrift betreffend eine deutsche Papyrusgrabung auf dem Boden grie-
chisch-römischer Kultur in Aegypten. Bonn, 1902, 31 p. ; 1 Karte, 1 Taf.

— Adnotamenta in papyros Musei Britannici graecas maximam partem lexicographica. I. (Cl.
R., 1903, 1, p. 26-27; 4, p. 193-198.)

— Remarques sur les papyrus de Magdola. (R. E. G., 1903, nr. 70, p. 193-197.)

Eitrem, S., Varia. [Fragm. epicum in vol. I Pap. Oxyrrh. CCXIV.] Ph., XV, 4, p. 631-632.]

Foat, F. W. G., Sematography of the Greek papyri. (J. H. St., 1902, 1, p. 135-173.)

Hesseling, D. C., Ad papyrum Amherstianum (sic) CLIII. (Album in honorem H. van Herwerden, p. 99-106.)

Hohlwein, N., Bulletin papyrologique, 1901-avril 1902. (Le Musée belge, VI, 2-3.)

— — Année 1902. (Ibid., VII, 2-3.)

— La police égyptienne de l'époque romaine d'après les papyrus. (Ibid.)

— La papyrologie grecque; bibliographie raisonnée. (Ibid., VI, 4, p. 388-402; VII, 1, p. 41-
82; 2-3, p. 168-197.)

Jouguet, P., Chronique des papyrus. (R. d. ét. anc., 1903, 2, p. 139-190.)

— Missions au Fayoum. — Voir Section XIII.

Kenyon. — Voir Section X.

Lafoseade. — Voir Section VI.

Legge. — Voir Section XI.

Ludwich, A., Das Papyrus-Fragment eines Dionysos-Epos. (Berliner phil. Woch., 1903, nr. 1, p. 28-30.)

Lumbroso, G., Osservazioni papirologiche. (Rendic d. R. Accad. d. Lincei, S. Morali, Ser. V, vol. XI, fasc. 1-2, p. 80-81.)

Mekler, S., Zu den νόμιμα der Flinders Petrie Papyri. (W. St. 1902, 2, p. 457-461).

Meyer, P. M. — Voir Section X.

Naber. — Voir Section XII.

Nicole, J., Un questionnaire de chirurgie. (Archiv f. Papyrusf., II, 1, p. 1-3.)

— Comptes d'un soldat romain. (Ibid., p. 63-69.)

Olivieri, A., Il prologo di commedia recentemente scoperto. [Papiro di Strassburgo 53.] (Riv. di filol., XXX, 3, p. 435-437.)

Papavassiliou. — Voir Section II.

Reitzenstein, R., Deutsche Papyrussammlungen. (Beil. z. Münchner allg. Ztg., 1901, nr. 259.)

Ricci, S. de, A new Strassburg historical Greek papyrus. (Athenaeum, nr. 3881, p. 336-337.)

— Bulletin papyrologique (R. E. G., nóv.-déc. 1902, p. 408-460.) Suite et fin. (Ibid., janvier-avril 1903, p. 105-125.)

Ruggiero, R. de, Correzioni al papiro di Antinoe dell'anno 454. (Boll. d. Istituto di diritto rom., XV, 1-2, p. 73.]

Schubart, W., Die tachygraphischen Papyri in der Urkundensammlung der kgl. Museen zu Berlin. (Archiv f. Stenogr., LIV, 9.)

Schulthess, O., Aus neueren Papyrusfunden. (Sep. Abr. a. d. Neuen Zürcher Ztg.) Zürich, 1901, 42 p.

Vitelli, G., Da papiri greci dell' Egitto. (At. e R., nr. 53, p. 149-158.)

Waltzing, J. P., Curiosités papyrologiques. (Le Musée belge, 1902, 1.)

Wenger, L., Zu den Rechtsurkunden in der Sammlung des Lord Amherst. (Archiv f. Papyrusf., II, 1, p. 41-62.)

— Voir Section XII.

Wessely. — Voir Section VIII.

Wilcken, U., Papyrus-Urkunden. (Archiv f. Papyrusf., II, 1, p. 117-147.)

Compte rendu de six ouvrages. (Voir le détail, Biblioth. philol. classica.)

PARMÉNIDE.

Ellis, R., Some suggestions on Diels' Poetarum philosophorum fragmenta. [Parm. fr. 16, 1-2.] (Cl. R. 1902, 5, p. 269-270.)

Peithmann, E. C. H., Parmenides. (Biographia antiqua, Ser. II, H. 2.)

PARTHÉNIUS.

Ellis, R., New conjectures on Parthenius' περὶ ἐρωτικῶν παθημάτων. (Amer. J. of philol., XXIII, 2, p. 204-206.)

PATROLOGIE.
Patres apostolici. Textum ad fidem codicum et graecorum et latinorum, adhibitis praestantissimis editionibus, recensuerunt *O. de Gebhardt, A. Harnack, Th. Zahn.* Ed. IV minor, indice locorum S. Scripturae aucta. Leipzig, Hinrichs, viii. 232 p.   2 M.

— Patrologia, versione italiana sulla seconda edizione tedesca, da *O. Bardenhewer,* con aggiunte bibliografiche per *A. Mercati.* Vol. I. (dalla fine del I. secolo all' inizio des IV. secolo.) Roma, Desclée, Lefebvre et Cⁱᵉ. xv, 288 p.

Bürner, G., Vergils Einfluss bei den Kirchenschriftstellern der vornicänischen Periode. Diss. Erlangen, 58 p.

Lüdemann, H., Jahresbericht über die Kirchenväter und ihr Verhaltniss zur Philosophie. 1897-1900. (Fors.) (A. G. Ph., VIII, 4, p. 493-515; IX, 3, p. 401-448.)

Schermann, Th., Die Gottheit des hl. Geistes nach den griechischen Vätern des 4. Jahrh. Eine Dogmengeschichtliche Studie. (Strassburger theolog. Studien, Hrsg. von A. Erhard u. Eug. Müller. IV, 4-5.) Freib. i. Br., Herder, xii, 245 p.   5 M.

— Die griechischen Quellen des hl. Ambrosius in libris III de Spiritu Sancto. (Veröffentlichungen aus dem Kirchenhistor. Seminar München, nr. 10.) München, Lentner, viii, 107 p.   3 M

Sedlmayer, H. St., Der Tractatus contra Arianos in der Wiener Hilarius-Handschrift. (Mit einem Nachwort von *G. Morin*.) (S. W. Ak., 1902, 21 p.)

PAULUS HELLADICUS. — Voir ANECDOTA BYZANTINA.

PAUSANIAS. Graeciae descriptio. Edidit, graece emendavit, apparatum criticum adjecit *H. Hitzig*. Commentarium germanice scriptum cum tabulis topographicis et numismaticis addiderunt *H. Hitzig* et *H. Blumner*. Leipzig, Reisland, 1899 et 1901. Vol. I, p. 2 ; vol. II, p. 1.   22 et 20 M.

— Pausaniae Graeciae descriptio. Recogn. *Fr. Spiro*. Vol. I, libros I-IV continens. Leipzig, Teubner, 1903, XXI, 420 p.   2 M. 80 Pf.

— Pausanias, Description of Greece. Translated with a commentary by *J. G. Frazer*.

Petersen. — Voir SECTION XIII.

PHÉRÉCYDE.

Fries, G., Zu Pherekydes von Syros. (Woch. f. klass. Philol., 1903, nr. 2, p. 47-50.)

PHILODÈME.

Fuhr, K., Zu griechischen Prosaikern. III. Zu Philodems rhetorischen Schriften. (Rh. M., LVII, 3, p. 428-436.)

PHILON D'ALEXANDRIE. Philonis Alexandrini opera quae supersunt. Recognoverunt *L. Cohn* et *P. Wendland*. Ed. major, vol. IV. Edid. L. C. Berlin, G. Reimer, XXXIV, 307 p.   10 M.

— Ed. minor., XIII, 254 p.   2 M.

PHILOSOPHES. Die Fragmente der Vorsokratiker. Grieschich und Deutsch, von *H. Diels*. Berlin, Weidmann, 1903, X, 601 p.   15 M.

— Stoicorum veterum fragmenta. Collegit *J. ab Arnim*. vol. II : Chrysippi fragmenta logica et physica. Leipzig, Teubner, 1903, VI, 348 p.

Croenert, W., Die Ueberlieferung des « Index Academicorum. » (H., 1903, p. 337-405.)

PHILOSTRATE.

Bromby, Ch. H., The « Heroica » of Philostratus (Athenæum, nr. 3906, p. 320 et ss. ; — 3922, p. 859-860.)

Cunze, F., Philostrats Abhandlung über das Turnen. Progr. Braunschweig, in-4°, 18 p.

Ziehen, L., ἱερὰ δεῦρο. [Philostr. Leben des Apollonios von Tyana, IV, 18, 155.] (Rh. M. LVII, 4, p. 498-505.)

PINDARE, OEuvres complètes. Traduction française par *C. Poyard*, nouv. éd. complètement refondue, augmentée d'Anacréon, de Sapho et d'Erinna. Paris, Garnier frères, in-18, VI, 313 p.

Clapp, E. B., Pindar's accusative constructions. (Trans. of Amer. philol. Assoc., XXXII, 1901, p. 16-42.)

— On hiatus in Pindar. (Ibid., Proceed., etc., XXXIII.)

Hauvette, Am., Sur un passage de la deuxième Pythique de Pindare. (Mélanges Perrot, p. 161-166.)

Lendrum, W. T., The date of Pindar's tenth Nemean. (Cl. R., 1902, 5, p. 267-269.)

Schroeder, O., Pindarica IV : Pindar und Hieron. (Ph. XV, 3, p. 356-373.)

— — V : Aeolische Strophen. (Ibid., XVI, 2, p. 161-181.)

— Die enoplischen Strophen Pindars. (H., 1903, 2, p. 202-243 ; 3, p. 480.)

Staehlin, Fr , Der Dioskurenmythus in Pindars 10. nemeischer Ode. (Ein Beispiel einer Mythenidealisierung.) (Ph. XVI, 2, p. 182-195.)

Veverka, V., Z viteznych zpevu Pindarovych. Prague, 1901.

PLANUDE. — Voir ANTHOLOGIE.

PLATON, Apologie und Kriton, nebst Abschnitten aus dem Phaidon und Symposion. Hrsg. von *Fr. Rösiger*. Text. Leipzig, Teubner, IV, 90 p.   80 Pf.

— — Kommentar. Ibid., 1903, 80 p.   80 Pf.

— Criton, ou le devoir du citoyen. Texte grec, accompagné d'une Introd., d'un argument analytique et de notes en français, par *Ch. Waddington*. Paris, Hachette, in-16, 56 p.   50 c.

— Euthyphro, with Introd. and notes, by *W. A. Heidel*. New-York, Amer. Book Co., 1903, 115 p.

— Platon et saint Justin. Euthyphron (et) Exhortation aux Grecs. A l'usage des classes supérieures, par *E. J. Sterpin* et *E. J. Conrotte*. (Partie du maitre.) Paris, Desclée, De Brouwer et Cᶦᵒ, 1903, 122 p.

— Phaedon, für den Schulgebrauch erklärt von *K. Linde*. Ausg. A. (Kommentar unterm Text.) Gotha, Perthes, vi, 118 p.   1 M. 20 Pf.

— — Ausg. B. (Text und Kommentar getrennt in 2 Hälften.) Ibid., vi, 64, 65 p.
1 M. 20 Pf.

— Republic. Ed., critical notes, Commentary and Appendices, by *J. Adam*. London, Clay, 2 vol.   18 sh.

Alexander. W. J., The aim and results of Plato's Theaetetus. (St. in hon. of Gildersleeve.)

Baenoch. C., Die Schilderung der Unterwelt in Platons Phaidon. (A. G. Ph., IX, 2, p. 189-203.

Beyschlag. Fr., Eine Parallele zwischen Platon und Goethe. (Bl. f. Bayr. Gymnasialschulw. 1903, 3-4, p. 248-258.)

— Das XXXII. Kapitel der platonischen Apologie. (Ph., XVI, 2, p. 196-226.)

Bickel. — Voir Stobée.

Bovet, P., Le dieu de Platon d'après l'ordre chronologique des dialogues. Thèse. Genève, H. Kündig, 1903, 186 p.

Braun. A. W., The later ontology of Plato. (Mind, XI, p. 31 ss.)

Burnet. J., Arethas and the Codex Clarkianus. [Plato, Phaedo, 96 a-c.] (Cl. R., 1902, 5 p. 276.)

— Vindobonensis F. and the text of Plato. (Cl. R., 1903, 1, p. 12-14.)

Campbell. L., On Plato's Republic, p. 488. (Cl. R., 1903, 1, p. 79-80.)

— On the interpretations of Plato, Republic, B. VI, p. 503 c. (Ibid., 2, p. 106-107.)

Clark. — Voir Clément d'Alexandrie.

Croiset. A., Sur le Ménexène de Platon. (Mélanges Perrot, p. 59-64.)

Delle. G., Vergleichende Darstellung der platonischen und aristotelischen Pädagogik. 1. (Pädagog. Studien, N. F., XXIII, 4, p. 229-238.)

Ebers. J., Ueber den Philebos des Platon. Diss. Wurzburg, 37 p.

Emerson. R. W., Plato oder der Philosoph. — Plato. Neue Lesefrüchte. (Emersons Vertreter der Menschheit.) Leipzig, Diederichs, 1903.

Fava. F., Gli epigrammi di Platone. Testo, varianti, versione, preceduti da uno studio sull' autenticità di essi. Milano, 1901, 74 p.

Fuhr. K., Zu griechischen Prosaikern. I. Ein Paar Verballhornungen in der Vulgate. [1. Plato, Georgias.] (Rh. M., LVII, 3, p. 422-423.)

Gifford. E. H., Arethas and the Codex Clarkianus (Cl. R., 1902, 8, p. 391-393.)

Gomperz. Th., Platonische Aufsätze. III. Die Composition der « Gesetze ». Wien, Gerold 36 p. (Extr. de S. W. Ak.)

— Die deutsche Litteratur über die sokratische, platonische und aristotelische Philosophie, 1899 und 1900. (A. G. Ph., T. VIII, 4, p. 516-550; IX, 1, p. 119-153.)

Groh. Fr., Datovani Platonova Kritona. (Listy filol., 1902, 5, p. 371-373.)

Guggenheim, M., Studien zu Platons Idealstaat. Kynismus und Platonismus. (N. J. Alt., 1902, 8, 1. Abt., p. 521-539.)

Guillaume. L., Classiques grecs comparés. Platon, Euthyphron, [Saint-Justin.] Exhortation aux Grecs, par *E. J. Sterpin* et *Conrotte*. Bruges, Desclée, de Brouwer et Co. Partie de l'élève, vi, 110 p.   2 fr.

— — Partie du maitre vi, 116 p.   4 fr.

Immisch. O., Philologische Studien zu Plato. 2. Heft : De recensionis platonicae praesidiis atque rationibus. Leipzig, Teubner, 1903, iv, 110 p.   3 M. 60 Pf.

— Même titre. Progr. Leipzig, 1903, 61 p.

Jackson. H., Platonica. [II : Theaetetus, 169 A-D : Politicus 291 A und 303 C.] (J. of philol., nr. 56, p. 186-194.)

Jannaris. A. N. Plato's testimony to quantity and accent. (Amer. J. of arch., XXIII, 1, p. 75-83.)

Jones. H. St., The « Ancient Vulgate » of Plato and Vind. F. (Cl. R., 1902, 8, p. 383-391.)

Knospe. S., Aristipps Erkenntnistheorie im platonischen Theätet. Progr. Grossstrelitz, in-4°, 11 p. 1 M.

Krockenberger. Platos Behandlung der Frauenfrage im Rahmen der Politeia. Progr. Ludwigsburg; Leipzig, Fock, 1903, 68 p. 1 M.

Linde. K., Ist die Apologie des Sokrates eine Dichtung Platons? (Z. f. Gymnasialw, 1902, 8-9, p. 493-498.)

— Noch einmal Platons Phädon S. 62 a (Gymnasium, 1903, nr. 8, p. 266-272.)

Mazarakis. A., Die platonische Paedagogik systematisch und kritisch dargestellt. Diss. Zürich, 1900, 63 p.

Melli, G., Socrate. (At. e R., nr. 49-50, p. 3-22.)

— La Morte di Socrate. (Ibid. nr. 51, p. 69-76.)

Muir. R. J., Plato's dream of wheels, Socrates, Protagoras and the Eleatic stranger. Appendix by certain cyclic poets. London, Unwin, 94 p. 2 sh.

Mueller, K., Jakou dulczitost maji Gorgias a Isokrates pro vyvoj umelé prosy attické. Progr. Chrudimi, 1901-2, 50 et 41 p.

Natorp, P., Platos Ideenlehre. Eine Einführung in den Idealismus. Leipzig, Dürr, 1903, VIII, 473 p. 7 M. 50 Pf.

Nestle, W., Kritias. Eine Studie. (N. J. Alt., 1903, 2, 1. Abt., p. 81-107.)

Nielsen. — Voir ARISTOPHANE.

Parmentier, L., L'adjectif ἐξάντης. [Plat. Phèdre, 244 E. (R. Ph., 1902, 4, p. 354-359.]

Pérès. J., Platon, Rousseau, Kant, Nietzsche. (Moralisme et immoralisme.) (A. G. Ph., IX, 1, p. 97-116.)

Richards. H., Plato de diff. Charact. (Cl. R., 1992, 8, p. 395.)

— Platonica. V. [Theaetetus; Soph. ; Politicus.] (Ibid., 1903, 1, p. 14-22.)

Ritter. C., Die Sprachstatistik in Anwendung auf Platon und Goethe. (N. J. Alt. 1903, 4, 1. Abt., p. 241-261.)

Rodier, G., Les mathématiques et la dialectique dans le système de Platon. (A. G. Ph., VIII, 4, p. 479-498.)

Rolfes. — Voir ARISTOTE.

Schaegl, R., Beiträge zu dem Anachronismen bei Platon. Progr., Teschen a. E., 1901, 24 p.

Seymour, T. D., On Plato's Ship of fools. (Cl. R., 1902, 8, p. 385-387.)

Sigall, E., Zur Platon-Lektüre am Gymnasium. (Oesterr. Mittelschule, Jahrg. XVI, p. 21-35.)

Snetivy. T., Platonew Euthydemos. Progr. Pelhrimove.

Sogliano, A., Dionysplaton. Contributo alla iconografia platonica. (Mem. d. R. Acc. di Napoli, 1902.)

Tannery, P., Y a-t-il un nombre géométrique de Platon? (R. E. G., 1903, nr. 70, p. 173-179.)

Trense. P., De attributo ejusque collocationis usu platonico. Diss. Rostock, 1901, 30 p.

Turner, E., Quaestiones criticae in Platonis Lachetem. Diss. Halle, 1903, 26 p.

Wilson, J. C., Plato, Rep., 616 E. (Cl. R., 1902, 6, p. 292-293.)

— On the geometrical problem in Plato's Meno, 86 E sqq., with a note on a passage of the treatise De lineis insecabilibus (970 a 5). (J. of philol., nr. 56, p. 222-240.)

Wust, E., Beiträge zur Textkritik und Exegese der platonischen Politeia. Diss. München, 33 p.

PLÉTHON.

Parisotti. A., Idee religiose e sociali di un filosofo greco del medio evo. [G. Gemistos Plethon.] (Scritti vari di filologia.)

PLOTIN.

Gollwitzer. T., Plotins Lehre von der Willensfreiheit. Tl. II. Progr. Kaiserslautern, 53 p.

Lindsay. J., The philosophy of Plotinus. (A. G. Ph. VIII, 4, p. 472-478.)

PLUTARQUE. Plutarch's lives. The translation called *Dryden's* corrected from the Greek and revised. London, Macmillan, 5 vol. 30 sh.

— Chaironeje Plutarchus, Preloz. *G. Suran.* Progr. Vinohradech.

— Plutarchus, life of Cicero, published for the University by *A. Gudemann.* (Publications of the Univ. of Pennsylvania, series in philology and literatur., vol. VIII, nr. 2.) Philadelphia, 117 p.

— Essay on the study and use of poetry by Plutarch and Basil the Great, translated from the Greek, by *F. M. Padelford*. (Yale Studies in English, A. S. Cook. Editor, vol. XV.) New York, Holt, 136 p.

Apelt, O., Bemerkungen zu Plutarchs Moralia. (Ph. XVI, 2, p. 276-291.)

Bierens de Haan, J. D., Plutarchus als godsdienstig denker. Een gestalte uit de Grieksch-Romeinsche godsdiens tgeschiedenis. S' Gravenhage, Nijhoff, viii, 118 p.   1 Fl. 25 Kr.

Borenius, C. E., De Plutarcho et Tacito inter se congruentibus. Helsingforsiae, en off. tipogr. centrale. xxxii, 158 p.

Bronikowski, K., Plutarchos, Demosthènes und Cicero ins Polonische übersetzt. (Symbolae in hon. Cwiklinski, 4 p.)

Dittenberger, W., Zu Plutarch. (H., 1903, 2, p. 313-314.)

Fuhr, K., Zu griechischen Prosaikern : I. Ein Paar Verballhornungen der Vulgate. [3 : Plut. Cam., 10.] (Rh. M. LVII, 3, p. 424.)

— Zur Seitenstetter Plutarchhandschrift. (Berliner philol. Wochenschrift, 1902, nr. 48, p. 1436-1438; nr. 49, p, 1531-1533; nr. 50, p. 1504-1566; nr. 51, p. 1597-1598.)

Hadzidakis, G. N., Ἔλεγχοι καὶ κρίσεις (μετατύπωσις ἐκ τοῦ ΙΒ′ τόμου τῆς ’Α θ η ν ᾶ ς). Athènes, Sakellarios, 1901, 295 p.

Hahn, V., De Plutarchi Moralium codicibus quaestiones selectae. (Bull. intern. de l'Acad. des sc. de Cracovie; juillet 1902, p. 127-129.)

Hartman, J. J., Ad. Plutarchum, Solon. 10. (Mn., 1902, 3, p. 261.)

— Ad Plutarchum [Rom. 29, Sintenis; Public, 22, Sint. (Ibid., p. 306.)

— — [Coriol. 32, 38, Sint.] (Ibid. p. 308.)

— Ad Plutarchum. [Lyc. 27, Sintenis; Num. 1, Sint. (Mn. 1902, 4, p. 386.)

— Ad Plutarchum. [Sull. 35, Sint.] (Ibid., 1903, 2, p. 210.)

Hauck, G., Erklärende Bemerkungen zu Plutarchs Themistokles und Perikles (Bl. f. Bayr. Gymnasialschulw., 1903, 3-4, p. 258-264.)

Padelford, F. M., Plutarch's theory of poetry. (Proceed. of Amer. philol. Assoc., XXXIII.)

Papavassiliou, G. A., Κριτικαὶ παρατηρήσεις. Γ′ Εἰς Πλουτάρχου τὰ ’Ηθικά. (’Αθ., XIV, 1-2, p. 148-168.)

Photiadis, P. S., ’Ολίγισται παρατηρήσεις. Α′ : Εἰς τὰ Πλουτάρχου ’Ηθικά (ἐκδ. Βερναρδάκη). (’Αθ., XIV, 3, p. 332-340.)

Radermacher, L., Φόβος. [Plut., De Alex. M. fortit. aut virt., 343, E.] (Rh. M., LVIII, 2, 3, p. 315-316.)

Richards, H., Plutarch, De lib. educ. 2 D (Cl. R., 1902, 8, p. 395.)

Schoene, J., Zum Corpus der Plutarchischen Βίοι. (H., 1903, 2, p. 314-316.)

Schwartz, K. G. P., Ad Plutarchi vitam Lycurgi, 27. (Mn. 1902, 3, p. 262.)

Solari, A., Per le fonte di Plutarco nella morte di Silla. (Riv. di filol., 1903, 1, p. 115-120.)

Wilamowitz-Mœllendorff, U. von, Lesefrüchte. [LXXXVIII : Zu Plut. Moral. 777. LXXXIX : Zu Plut. de Exilio, 10.] (H. 1902, 3, p. 326-328.)

POÈTES COMIQUES.

Kæhler, O., Annotationes ad comicos graecos. Weimar, 1901, 18 p.

Krause, E. F., De Apollodoris comicis. Berlin, Ebering, 1903, 57 p.

Peppler. — Voir Aristophane.

POÈTES LYRIQUES.
Griechische Lyriker in Auswahl f. d. Schulgebrauch hrsg. von *A. Biese*. 1. Tl : Text. 2. verm. und verb. Aufl. Leipzig, Freytag, viii, 104 p.   1 M. 20 Pf.

Schneider S., Deux hymnes anonymes à Dionysos et à Apollon. (En polonais.) (Symbolae in hon. Cwiklinski.) 14 p.

Wilamowitz-Mœllendorff, U. von, Choriambische Dichter. (S. Pr. Ak.) Berlin, Reimer, 32 p.

POÈTES-PHILOSOPHES.

Ellis, R., Some suggestions on Diels' Poetarum philosophorum fragmenta. [Parmenides fr. 16, 1, 2; Empedocles fr. 4, 9, 10, 11; Emp. fr. 17, 20, 21, 25; Emp. fr. 64; Timon fr. 62.] (Cl. R., 1902, 5, p. 269-270.)

POÈTES TRAGIQUES.

Blanchard, A., Histoires tirées des tragiques grecs et mises en vers. Avec des notices et des éclaircissements à l'usage des classes supérieures de l'enseignement secondaire. Paris, Belin, 1903, in-18 jésus, 240 p.

Blaydes, Fr. H. M., Spicilegium tragicum, Observationes criticas in tragicos poetas graecos continens. Halle, Buchh. des Waisenhauses, m, 263 p.   6 M.

Herwerden, H. van, Novae observationes ad tragicorum graecorum fragmenta. (Rh. M., LVIII, 1, p. 138-151.)

Kahlenberger. — Voir Homère.

Wolf, H., Einführung in die Sagenwelt der griechischen Tragiker. Leipzig, Bredt, 156 p.
1 M. 50 Pf.

POLLUX.

Michaelis, R., Quae ratio intercedat inter J. Pollucis Onomasticon et Aristotelis de Rep. Atheniensium libri partem alteram. Progr. Berlin, 14 p.

Radtke, W., Cratineum. [Pollux, VI, 68.] (H., 1903, 1, p. 149-150.)

POLYBE.

Cuntz, O., Polybius und sein Werk. Mit e. Kärtchen. Leipzig, B. G. Teubner, 1902, 88 p.

Grasso, G., Il Λίϐυρνον ὄρος Polybiano (III, 100, 2) e l'itinerario Annibalico dal territorio dei Peligni al territorio Lorinate. (Riv. di filol., XXX, 3, p. 438-445.)

Hercod, R., La conception de l'histoire dans Polybe. Diss. Lausanne, 127 p.

Kraschennikof, M., De Gitanis Epiri oppido. (Polyb. XXVII, 16, 5 et T. Liv. XLII, 38, 1.) (H., 1902, 4, p. 489-500.)

Luterbacher, F., Die Chronologie des Hannibalzuges. (Zum 3. Buche des Polybius.) (Ph., XVI, 2, p. 306-315.) Anhang : Sagunt und Rom. (P. 315-319.)

POLYCARPE (Saint). — Voir Ignace (Saint).

POSIDONIUS.

Arnold, M., Quaestiones Posidonianae. (Specimen I.) Diss. Lipsiae, 1903, 74 p.

Richards, H., Posidonius apud Athenaeus, 234 A. (Cl. R., 1902, 8, p. 396.)

PROCLUS.

Diehl, E., Der Timäostext des Proklos. (Rh. M., LVIII, 2, p. 246-269.)

PROCOPE.

Knaack, G., Zu Procopios ep. 96. (Ph., XVI, 2, p. 320.)

PSELLUS.

Bréhier, L., Un discours inédit de Psellos. Accusation du patriarche Cérulaire devant le synode (1059.) (R. E. G., 1903, nr. 71, p. 375-416.) [1er art. : Introd. et chap. 1-30 du texte grec.]

PTOLÉMÉE.

Cumont, Fr., La Galatie maritime de Ptolémée. (R. E. G., janvier-avril 1903, p. 25-27.)

Krallcek, A., Das östliche Gross-Germanien des Claudius Ptolemaeus. Progr. Brünn, 1900-1901.

PYTHÉAS.

Matthias, Fr., Ueber Pytheas von Massilia und die ältesten Nachrichten von den Germanen. II. Progr. Berlin, 40 p,

ROMANOS.

Petridis, S., Office inédit de Saint Romain le Mélode. (Byz. Z., XI, 3-4, p. 358-369.)

Souvarof, N., A quelle époque vivait le poète Roman ? (Rev. byz. russe, VIII, 3-4.)

Van den Ven, P., Encore Romanos le Mélode. (Byz. Z., XII, 1-2, p. 153-166.)

SAPHO.. Traduction française. — Voir Pindare.

Blass, F., Die Berliner Fragmente der Sappho. (H. 1902, 3, p. 456-479.)

Solmsen, F., Die Berliner Fragmente der Sappho. (Rh. M. LVII, 3, p. 328-336.)

SEXTION.

Scheer. — Voir Théon.

SIMPLICIUS.

> **Major.** — Voir Musonius.

SIMONIDE (?)

> **Reinach. Th.,** Les trépieds de Gélon et de ses frères (Anthol. Pal. VI, 214.) (R. E. G., jan-vier-avril 1903, p. 18-24.)

SISYPHOS de Cos.

> **Patzig, E.,** Das Trojabuch des Sisyphos von Kos. (Byz. Z., XII, 1-2, p. 231-257.)

SOLON.

> **Hadley. W. S.,** A correction in Solon. [Solon 9, Hiller-Bergk.] (Cl. R., 1903, 4, p. 209.)

> **Ludwich. A.,** Zu den Solonischen Fragmenten in der Πολιτεία 'Αθηναίων. (Berl. philol. Woch., 1903, nr. 22, p. 700-702; nr. 23, p. 732-735.)

SOPHOCLE. Sophocles translated and explained by *J. S. Phillimore.* Illustr. London, G. Allen, 304 p.   7 sh. 6 d.

— Antigone, with Commentary abridged from large ed. of *R. C. Jeeb,* by *E. S. Shuckburgh.* London, Clay, 292 p.   4 sh.

— Antigone, by *E. Fogerty.* London, Sonnenschein, 1903.

— Philoctète, ed. class. par *J. F. Lucas.* Paris, Poussielgue, 1903, 133 p.

> **Barnett. L. D.,** A Persian parallel to Soph. Ant. 904. (Cl. R., 1903, 4, p. 209-210.)

> **Bolle, L.,** Die Bühne des Sophokles. Progr., Weimar, 23 p.

> **Campbell. L.,** Some recent notes on Sophocles' Oedipus Tyrannus. (Cl. R., 1802, 8, p. 426.)

> **Dolnicki. J.,** Sur la dette tragique du roi Œdipe dans Sophocle. (En polonais.) (Symbolae in hon. Cwiklinski.) 12 p.

> **Earle. M. L.,** Notes on Sophocles' Antigone. (Cl. R., 1903, 1, p. 5-6.)

> — Sophocle, Oedipe-Roi, v. 10-11. (R. Ph., 1903, 2, p. 151-153.)

> — On Soph. Electra 683 sq. (Cl. R., 1903, 4, p. 209.

> — Studies in Sophocles's Trachinians. (Trans. of Amer. philol. Assoc., XXXIII.)

> — Miscellanea critica. [Soph. Oed. Tyr. 54 sq.] (Proceed. of Am. ph. Ass., XXXII, p. xxviii.)

> **Estève.** — Voir Section IX.

> **Festa. N.,** Note Sofoclee. Antigone. (At. e R., nr. 53, p. 129-144.)

> **Hurlbut, St. A.,** An inverted nemesis. On Sophocles, Oedipus Rex, 1270. (Cl. R., 1903, 3, p. 141-143.)

> **Hüter. L.,** Schüler-Kommentar zu Sophokles' Aias. Leipzig, Freytag, 1903, iv, 88 p.   1 M.

> **Ludwich, A.,** Ein Sophokleisches und ein unbekanntes Fragment. (Berl. philol. Wochenschr., 1902, 24, p. 766.)

> **Parmentier, L.,** Sophocle, Œdipe roi, v. 10-11. (R. Ph., 1902, 4, p. 349-353.)

> **Phillimore, J. S.,** Notes on Sophocles' Œdipus Tyrannus. (Cl. R., 1902, 7, p. 337-339.)

> **Richards, H.,** Sophocles Œd. Tyr., 772. (Cl. R., 1902, 8, p. 394.)

> **Schmid. W.,** Zu Sophocles, Antigone, 528. (Rh. M. LVII, 4, p. 61.)

> — Probleme aus der sophokleischen Antigone. (Ph. XVI, 1, p. 1-34.)

> **Tucker. T. G.,** Adversaria upon the fragments of Sophocles. (Cl. R., 1903, 4, p. 189-191.)

> **Vicol, L.,** Der Kunstcharakter des Sophocles, hinsichtlich der Handlung und Charakterzeichnung. Progr. Czernowitz, 1901.

> **Wagner. R.,** Ueber einige Stellen der Sophokleischen Antigone. (Korrespondenzbl. f. d. Gelehrten und Realschulen Wurttembergs, 1902, 8, p. 290-293.)

SOPHRON.

> **Wünsch, R.,** Zu Sophrons Ταὶ γυναῖκες αἳ τὰν θεόν φαντι ἐξελᾶν. (Jahrbb. f. Philol., 27. Suppl.-Bd. 1. H., pp. 111-122.)

SOTERICHUS.

> **Bidez, J.,** Fragments nouveaux de Soterichos (?). (R. Ph., 190', 1, p. 81-85.)

STOBÉE.

> **Bickel, E.,** De Joannis Stobaei excerptis platonicis de Phaedone. Diss. Bonn, 41 p.

> **Richards, H.,** Stobaeus, Floril. 90, 8. (Cl. R., 1902, 8, p. 394.)

STRABON.

Allen, T. W., The ancient name of Gla. (Cl. R., 1903, 5, p. 239-240.)

Kunze. R., Unbeachtete Strabofragmente. (Rh. M. LVII, 3, p. 437-448.)

— Strabobruchstücke bei Eustathius und Stephanus Byzantius. (Rh. M., LVIII, 1, p. 126-137.)

SUIDAS.

Crusius, O., Λαγόβιος, ὄνομα κύριον. [Suidas, II, p. 483 Bh.] (Ph. XVI, 1, p. 131-132.)

SYNTIPAS.

Warren, J., Das Indische Original des griechischen Syntipas. (Verslag. en Medeel. d. k. Akad. van Wetensch. 4. Reecks, 5. Deel, 1. Stuk, p. 41-57.)

TELEPHOS.

Schrader, H., Telephos der Pergamener περὶ τῆς καθ' Ὅμηρον ῥητορικῆς. (H., 1902, 4, p. 530-581.)

THÉMISON.

Fuchs, R., Aus Themisons Werk über die acuten und chronischen Krankheiten. (Rh. M., LVIII, 1, p. 67 ss.)

THÉMISTIUS.

Klotz, A., Disciplina disciplinarum. [Macr. Sat. I, 24, 21. Themistios, Σοφιστής, Orat. 23.] (Archiv f. Lexicogr. und Grammatik, XIII, 1, p. 98.)

THÉOCRITE.

Kattein, C., Theocriti idyllis octavo et nono cur abroganda sit fides Theocritea. Thèse. Paris, Picard, 100 p.

Prescott, W., Notes on the scholia and the text of Theocritus. (Cl. R., 1903, 2, p. 107-112.)

Sutphen, M. C., Magic in Theocritos and Vergil. (Studies in hon. of Gildersleeve.)

THÉODORE de Byzance.

Emminger. — Voir Isocrate.

Schneider. — Voir Lysias.

THÉODORE PRODROME.

Papageorgiou, P. N., Διορθώσεις εἰς Θεόδωρον τὸν Πρόδρομον. (Byz. Z., XII, 1-2, p. 261-266.)

THÉODORET.

Raeder, J., Analecta Theodoretiana. (Rh. M., LVII, 3, p. 449-459.)

THEODORUS SCUTARIOTA. — Voir Georges l'Acropolite.

THÉOGNIS.

Harrison, E., Studies in Theognis together with a text of the Poems. London, Clay, 336 p. 10 sh. 6 d.

Wendorff, F., Ex usu convivali Theognideam syllogen fluxisse demonstratur. Diss. Berlin, 80 p. 2 M. 40 Pf.

Williams, T. H., Theognis and his poems. (J. H. S., 1903, 1, p. 1-23.)

THÉON.

Scheer, E., Théon et Sextion. Progr. Saarbrücken, in-4, 19 p.

THÉOPHILE d'Antioche.

Pommrich, A., Des Apologeten Theophilus von Antiochia Gottes- und Logoslehre, dargestellt unter Berücksichtigung der gleichen Lehre des Athenagoras von Athen. Progr. Dresden, in-4, 36 p.

THÉOPHRASTE.

Zingerle, A., Zu Theophrast. (Z. f. d. österr. Gymnasien, 1903, 3, p. 202.)

THUCYDIDE. Historiae. Recensuit *Car. Hude.* Vol. I : Libri I-IV. Ed. minor. Leipzig, Teubner, 1903, 361 p. 1 M. 20 Pf.

— L'epitafio di Pericle, con note italiane di *U. Nottola.* Milano, Albrighi-Segati, 52 p.

Ahlberg, A. W., Nögra anmärkningar till imperfektets och aoristens syntax hos Thukydides. (Frän filol. Föreningen i Lund språkliga uppsatser, II.)

Fecht, K., Präparation zu Thukydides. Buch VI. Gotha, Perthes, iv, 65 p.

Green, E. L., περ in Thukydides, Xenophon und den Rednern. (Proceed. of Amer. philol. Assoc., XXXII, 1901, p. cxxxv-cxxxvi.)

Leeuwen, J. van, Ad Thucyd., VII, 56. (Mn. 1902, 3, p. 331.)

Prenzel, K, De Thucydidis libro octavo quaestiones, Diss. Berlin, Ebering, 1903, 51 p.　2 M.

Scarboroug, Short notes on Thucydides. (Proceed. of Amer. philol. Assoc., XXXII-p. lxxix.)

Thulin, C., De obliqua oratione apud Thucydidem. (Acta Universitatis Lundensis, XXXVII-XXXVIII). Lund, Malmström.

Woerpel, G., Thucydideum. [II, 12.] (N. philol. Rundschau, 1902, 15, p. 337-338.)

TIMAGÈNE.

Reuss. — Voir Section X.

TIMOTHÉE.
Timotheos, Die Perser, aus einem Papyrus von Abusir, im Auftrage der deutschen Orientgesellschaft hrsg. von *U. von Wilamowitz-Moellendorff*, mit einer Lichtdrucktafel. Leipzig, Hinrichs, 1903, 126 p.　3 M. 50 Pf.

— — Der Timotheos-Papyrus, gefunden bei Abusir am 1. Februar 1902. Lichtdruck-Ausgabe. (Wissenschaftliche Veröffentlichungen der D. Orientgesellschaft, Heft 3.) Leipzig, Hinrichs, in-4°, 1903, mit 7 Tafel.　12 M.

— Timothée de Milet, Les Perses. Trad. franç. par *P. Mazon* (R. Ph., 1903, 2, p. 209-214.)

Croiset, M., Observations sur les *Perses*, de Timothée de Milet. (R. E. G., 1903, nr. 71, p. 323-348.)

Fuochi, M., I « Persiani » di Timoteo. (At. e R., nr. 49-50, p. 56-58.)

Melber, J., Der neugefundene kitharodische Nomos des Timotheos von Milet « Die Perser. » (Blätte f. Bayr. Gymnasialschulw., 1903, 5-6, p. 419-427.)

O. T., Das älteste griechische Buch [Perser des Timotheos.] (N. J. Alt., 1903, 1, 1. Abt. p. 65 ss.)

Reinach, Th., Communication sur le papyrus, récemment découvert, des *Perses* de Timothée. (S. Ac. I., 27 mars 1903, p. 136-137).

— Les *Perses* de Timothée. (R. E. G., janvier-avril 1903, p. 62-83.)

Wilamowitz-Moellendorff, U. von, Die Perser des Timotheos von Milet. (Mitteilungen der deutschen Orientgesellschaft, nr. 14. — Berliner philol. Wochenschrift, 1902, nr. 45, p. 1404-1405.)

XÉNOPHANE.

Richards, H., Xenophanes apud Aristotle, Rhet. 1377 a 20 (Cl. R., 1902, 8, p. 395.)

XÉNOPHON.
Anabasis, Book I. Ed. by *C. E. Brownrigg*. London, Blackie, in-12.　2 sh.

— Anabasis. Book IV. Edited by *G. H. Nall*. With Vocabulary. London, Blackie, 1903.　2 sh.

— Cynegeticus. Recensuit *G. Pierleoni*. Berlin, Weidmann, viii, 98 p.　3 M.

— Memorabilia. Book I. Ed. by *G. M. Edwards*. London, Clay, 1903, 122 p. 2 sh. 6 d.

Braun, K., Präparationen zu Xenophons Hellenika, Buch III und IV. (Ausw.) (Krafft und Ranke's Präpar. f. d. Schullektüre, 71. Hft.) Hannover, Norddeutsche Verlagsanstalt O. Goedel, 34 p.　65 Pf.

— — Buch V-VII, 1903, 29 p.　60 Pf.

Green. — Voir Thucydide.

Helm. — Voir Section I.

Lehmann, C. F., Gobryas and Belsazar bei Xenophon. (Beitr. f. alt. Geschichte, II, 2, p. 341-345.)

Loewner, H., Beispiele für den Unterricht in der Psychologie aus Xenophon's Ἱέρων. (Z. f. d. österr. Gymnasien. 1903, 1, p. 73-77.)

Richards, H., On the Memorabilia of Xenophon. (Cl. R., 1902, 5, p. 270-275.)

— Notes on the Symposion of Xenophon. (Ibid., 6, p. 293-294.)

Sinko, T., Sokrates i Ksenofont. (Eos, VII, 2, p. 145-153.)

Smith, Ch. F., Poetical words and constructions in Xenophon Anabasis. (Proceed. of Amer. philol. Assoc., XXXIII.)

Wagner, R., Präparationen zu Xenophons Hellenika. 1. Héft. Buch I. Leipzig. Teubner, 24 p.   40 Pf.

XÉNOPHON D'ÉPHÈSE.

Mesk, J., Die Syrische Paralos. [Xenoph. Ephes. III, 12, Hercher.] (H., 1903, 2, p. 319-320.)

VI. — ÉPIGRAPHIE.

APOSTOLIDÈS, Origine asiatique des inscriptions préhelléniques de l'île de Lemnos. Le Caire, Impr. nat., 1903.

BECHTEL, F., Zur Inschrift des Sotairos. (H., 1902, 4. p. 631-633.)

BÉRETTA, A., Origine et traduction de l'inscription celto-grecque (?) de Malaucène (Vaucluse). (Bull. de la Soc. départementale d'archéologie et de statistique de la Drôme, livr. 136, p. 5-12.)

BERGER, Ph., Vase de plomb avec inscription bilingue [grec et phénicien] découvert à Carthage. (S. Ac. I., 1903, 8-6, p. 194-198.)

BOURGUET, E., Bulletin épigraphique. (R. E. G., janvier-avril 1903, p. 84-104.)

CHABOT, J. B., Notes d'épigraphie et d'archéologie orientales. X. Inscr. grecques de Syrie. (J. asiatique, 1901, 3, p. 440.)

CLERMONT-GANNEAU, Ch., Épigraphie gréco-rom. de Palmyre. (*Recueil d'archéologie orientale*, V, 6, 7-9.)

— Communication sur 2 inscr. chrétiennes trouvées sur le Mont des Oliviers. (S. Ac. I., 13 août 1902, p. 454-455.)

— Même sujet. (Rec. d'arch. or., V, p. 163-169.)

— Inscriptions [grecques et latines] de Palestine. (S. Ac. I., 1903, p. 479-495.)

— Supplementary remarks upon the Greek inscription from Beersheba. (Palestine exploration Fund, 1902, october.)

— Recueil d'archéologie orientale, t. V, livr. 24. [Articles divers, notamment sur des insc. gr.]. Paris, E. Leroux, 1903.

COMPARETTI, D., Su alcune epigrafi metriche Cretesi. I. (W. St., 1902, 2, p. 265-275.)

CONTOLÉON, A. E., Inscriptions de la Grèce d'Europe. (R. E. G., mai-juin 1902, p. 132-143.)

CROENERT, W., Die Inschriften von Magnesia. (Norddeutsche allg. Ztg., 1902, nr. 242; Beilage).

CRONIN. — Voir SECTION XIII.

CUMONT, Fr.. Deux inscr. gr. de Smyrne. (Ann. de la Soc. d'arch. de Bruxelles, 1901, 2, p. 249-253.) 3 fig.

DELAMARRE, J., Un nouveau document relatif à la confédération des Cyclades. (R. Ph., 1902, 3, p. 291-300.)

— Notes épigraphiques. Amorgos et les pirates. (Ibid., 1903, 2, p. 111-121.)

— Décrets religieux d'Arkésiné (Amorgos), (R. E. G., 1903, nr. 70, p. 154-172.)

DEMOULIN, H., Inscr. inédite de Ténos. Un nouveau registre de ventes immobilières. (Le Musée belge, VI, 4, p. 440-444.)

— Liste inédite de magistrats de Ténos. (Ibid., VII, 1. p. 37-40.)

— Inscriptions de Ténos. (R. de l'I. P. en Belgique, XLV, 6, p. 388-390.)

DEWISCHEIT, C. — Voir SECTION VII.

DOERPFELD, W., Zur Tholos von Epidauros. (H., 1902, 3, p. 483-485.)

FONTRIER, A., Inscriptions d'Asie mineure. (R. d. ét. anc., 1902, 3, p. 238-239.)

— Voir SECTION XIII.

FRANCOTTE, H., A. ROERSCH et J. SENCIE, Bulletin d'épigraphie et d'institutions grecques. (Contin.) (Le Musée belge, 1902, 2-3.)

FRAENKEL, M., Epigraphische Beiträge. I : Corpus inscr. graec. 1511. II : Zur Aphaia Inschrift. C. 1. Pelop. 1580. (Rh. M.. LVII, 4, 534-548.)

— Beiträge zur griechischen Epigraphik aus Handschriften. (S. Pr. Ak., 1903, 5, p. 82-91.)

FROEHNER. — Voir Section XIII.

GÉRIN-RICHARD, H. et A. DAGNEL, Une sépulture à incinération avec inscription grecque, découverte dans la vallée de l'Arc (Bouches-du-Rhône). (S. Ac. I., 1903, 1-2, p. 58-61.)

HALÉVY, J., Les tablettes gréco-babyloniennes et le sumérisme. Paris, Maurin, 28 p. ; figg.

GLOTZ, G., Sur la date d'une inscription trouvée à Olympie. (R. E. G., 1903, nr. 70, p. 143-153.)

HARRISON. Orphic tablet. — Voir section V, Orphica.

HASLUCK, F. W., An inscribed basis from Cyzicus. (J. H. S., 1902, 1, p. 126-134.)

— Inscriptions from Cyzicus. (Ibid.,1903, 1, p. 75-91.)

HAUSSOULLIER, B., Note sur une inscription d'Éphèse. (R. Ph., 1903, 1, p. 49-51.)

— Inscriptions grecques de l'Extrême-Orient grec. (Mélanges Perrot, p. 155-160.)

HAUSSOULLIER, CUMONT et RADET. — Voir Section XI.

HERAEUS, W., Die Grabschrift einer Tachygraphin. (Arch. f. Stenogr., 1902, 5.)

HEUZEY. — Voir Section XI.

HILLER von GAERTRINGEN, F., Ad R. Ph. XVI (1902), p. 224 sqq. (R. Ph. 1902, 3, p. 278-279.)

HOMOLLE, Th., Une signature de Kephisodotos à Delphes. (B. C. H., 1901, 1, p. 104.)

— Inscriptions de Delphes. Location des propriétés sacrées. (Ibid., p. 104-142. 2 pl.

INSCRIPTIONES GRAECAE ad res romanas pertinentes, auctoritate et impensis Academiae inscriptionum et litterarum humaniorum collectae et editae. T. I, fasc. 2, auxiliante *J. Toutain* ; t. III, f. 2, auxil. *G. Lafaye.* Curavit *R. Cagnat.* Paris, E. Leroux, 1903.

JANELL, W., Aus griechischen Inschriften. Progr. Neu-Strelitz, 1903, 43 p.

JORDANIDÈS, E., Inscriptions de la plaine du Caystre (R. d. ét. anc., 1902, 4, p. 258-266.)

JOUGUET. — Voir Section XIII.

KALINKA, E., Das Palladas-Epigramm in Ephesos. (W. St., 1902, 2, p. 292-295.)

KAYSER, S., L'inscription du temple d'Asclépios à Epidaure. (Le Musée belge, VI, 2-3, VI, 4; VII, 1.)

KEIL, B., Κόρου πεδίον. (R. Ph. 1902, 3, p. 257-262.)

— Voir Section XII.

Voir Section VIII.

KIRCHNER, J. E. A., Zu C I A, II, 996. (Rh. M., LVII, 3, p. 476-478.)

— Prosopographia attica, vol. II. Berlin, Reimer, 1903, vii, 660 p.

— Die Familie des Aristophon von Azenia. (Beitr. z. alt. Gesch., III, 1, p. 168-169.

KOLBE. — Voir Section XIII.

KŒRTE, A., Das Mitgliederverzeichniss einer attischen Phratrie. (H., 1902, 4, p. 582-589.)

LAFOSCADE, L., De epistulis (aliisque titulis) imperatorum magistratuumque romanorum quas ab aetate Augusti usque ad Constantinum graece scriptas lapides papyrique servaverunt. Lille, Le Bigot, xv, 141 p.

LAGERKRANZ, Griechische Ostraka in Victoria-Museum zu Upsala. (Sphinx, VI, 1.)

LANG, N., Aphaia. (Egyct. filol. közl., 1902, 6-7, p. 546-548.)

LARFELD, W., Handbuch der griechischen Epigraphik. II. Inschriften, mit 2 Taf. und zahlreichen in d. Text gedr. lith. Tabellen. 2. Hälfte. Leipzig, Reisland, xiv, p. 393-947. 36 M.

— INSCRIPTIONES antiquae orae septentrionalis Ponti Euxini graecae et latinae. Jussu et impensis Societatis archaeologicae imperii russici. Vol. IV, Supplementa continens per annos 1885-1900 collecta. Petropoli; Leipzig, Voss' Sort., in-4, x, 358 p.; Figg.; 1 pl.

LAURENT, M., Tessères en os du Musée d'Athènes. (Le Musée belge, VII, 1, p. 83-87.) 7 fig.

LUCAS, H., Repertorium griechischer Inschriften aus Gerasa. (Mitteilgn. und Nachr. d. deutschen Palästina-Vereins, 1901, nr. 4-6.)

MAIONICA, E., Metrische Inschrift vom Jahre 336 n. Chr. (W. St., 1902, 2, p. 586-587.)

MEISTER, R., Beiträge zur griechischen Epigraphik und Dialektologie. III : Ein Kapitel aus dem altgriechischen Pfandrechte. (Ber. üb. d. Verhandlgn. d. K. Sächs. Gesselsch. d. wiss. Philol.-histor. Cl. 1902, 1, p. 2-7.)

MARCHI, A. de, L'elogio d'Atene in un decreto anfizionico. (At. e R.) nr. 51, p. 78 ss.)

MENDEL, G., Inscriptions de Bithynie. (suite.) (B. C. H., 1901, 1-6, p. 5 et ss.)

MEYER, P. M. — Voir SECTION X.

MUSIL, A., Eine griechische Inschrift aus Madäba. (Anz. d. Ak. Wiss. Wien, 1902, 17, p. 120-123.)

NIKITSKY, A., Die geographische Liste der delphischen Proxenoi. Jurjew, Mattiesen, 42 p.; 2 Taf.

OFFORD, J., The bilingual fiscal inscription of Palmyra. (Biblia, 1902, may, p. 33-35.)

PAPADOPOULOS-KERAMEUS, A., Ἡ ἐκ τῆς Terra d'Otranto ἐπιγραφή. (Byz. Z., XI, 3-4, p. 518-519.)

PAPAGEORGIOU, P. N., Epigraphisches. Thessalonica colonia im II. Jahrh. (Berliner philol. Wochenschr., 1902, nr. 30, p. 138-147.)

PARIBENI, R., Cippo milliario inedito della via da Larissa a Tessalonica. (Boll. d. Commissione archeol. comunale di Roma, 1902, 1-2, p. 116-119.)

PATON, W. R., An inscription from Eresos. (Cl. R., 1902, 6, p. 290-291.)

PERDRIZET, P., Une recherche à faire à Rosas. (R. d. ét. anc., 1902, 3, p. 196-198.)

— Une inscription d'Antioche qui reproduit un oracle d'Alexandre d'Abonotichos. (S. Ac. l., 1903, 1-2, p. 62-66.)

PHOKITIS, J., Εὐβοϊκαὶ ἐπιγραφαί. ('Αθ., XIV, 4, p. 351-363.)

PROTT, H. von, und W. KOLBE, Die Arbeiten zu Pergamon 1900-1901. Die Inschriften. (M. A. I., 1902, 1-2, p. 44-151.) 2 Taf., 11 Abb.

REINACH, Th., Un ostracon littéraire de Thèbes. (Mélanges Perrot, p. 291-296.)

— Inscriptions grecques. — (R. E. G., 1903, nr. 70, p. 180-192.)

RICCI, S. de, Inscriptions concerning Diana of the Ephesians. (Proceed. of the Soc. of bibl. archaeology, 1901, 2, p. 396-409.)

— Une inscription grecque d'Égypte. (W. St., 1902, 2, p. 276-278.)

— Inscriptions déguisées. (R. Arch., juillet-août 1902, p. 396-409.)

RIESS, E., Some names found on Coan inscriptions. (Amer. J. of arch., 1902, 1, p. 32-33.)

RONZEVALLE (le P.). Bas-relief d'époque romaine trouvé à Homs (l'antique Emèse) avec inscription grecque. (Analyse de sa lettre à l'Acad. des inscr.) (S. Ac. I., 1902, 3-4, p. 235-236.) 1 dessin.

— Analyse de son mémoire sur le bas-relief d'Homs, par *le marquis de Vogué.* (Ibid., 1903, 7-8, p. 276-283.) 2 dessins.

ROSSI, G. B. de, e G. GATTI, Iscrizione greca del monasterio di S. Erasmo. (Boll. d. Comm. arch. Comunale di Roma, 1902, p. 164-176.)

SABBOPOULOS, Ἐπιγραφικὰ ἐξ Ἀρκαδίας ('Αθ., XIV, 4, p. 506.)

SAYCE, A. H., Greek ostraka from Egypt. (Proceed. of the Soc. of bibl. archeol. 1901, 4, p. 211-217.)

SCHŒNE, H. — Voir Section IV.

SCHUBART, W., Metrische Inschriften aus Aegypten. (Archiv f. Papyrusf., II, 1, p. 94-95.)

SÉJOURNÉ (le P.). Annonce d'inscr. gr. trouvées en Palestine. (S. Ac. I., 25 avril 1902, p. 242-243.)

SPIEGELBERG, W., Eine Künstlerinschrift des neuen Reiches. ΑΕΣΩΝΙΣ. (Rec. de travaux relatifs à la philol. et à l'archéol. égyptiennes et assyriennes, vol. XXIV.) T. à p. Paris, Em. Bouillon, 15 p. ; figg.

THEINERT, A., Eine Blumenlese aus griechischen und römischen Grabinschriften. (Die Umschau, VI, 32.)

VERRALL. — Voir Section V, Hérodote.

WEIL, H., Nouvelles tablettes grecques provenant d'Égypte. (Mélanges Perrot, p. 331-332.)

WEINBERGER. — Voir Section VII.

WILAMOWITZ-MŒLLENDORFF, U. von, Alexandrinische Inschriften, (S. Pr. Ak., 1902, 49, p. 1093-1099.)

— Bericht über die « Sammlung der griechischen Inschriften ». (Ibid., 1903, 6, p. 93.)

WILHELM, A., Inscription attique du Musée du Louvre. (B. C. H., 1901, 1-6, p. 93-104.)

— Zu zwei Athenischen Inschriften. (H., 1903, 1. p. 153-155.)

— Zu einer Inschrift aus Epidauros. (M. A. I., XXVI, 3-4, p. 419-421.)

— ΕΥΤΥΧΕΙ ΕΥΓΕΝΙ. (W. St., 1902, 2, p. 596-600.)

VII. — Paléographie. — Collections de manuscrits

Ægyptische Urkunden. Griechische Urk. III. Bd. 10 und 11. Heft. Berlin, Weidmann. à 2 M. 40 Pf.

DEWISCHEIT, C., Massgebliches und Unmassgebliches zur griechischen Kurzschrift des Akropolis-Steines. (Archiv f. Stenogr., 1903, 1.)

— Die Wiederauffindung des Grabsteins des Xanthias. (Ibid.)

FRAENKEL. — Beiträge... Voir Section VI.

GALANTE, L., Un « Ostrakon » calcario greco-copto del Museo di Firenze. (Studi ital. di filol., 1901, p. 194-198.)

GARDTHAUSEN, V., Sammlungen und Cataloge griechischer Handschriften, im Verein mit Fachgenossen bearbeitet. (Byz. Archiv, als Ergänzung der Byz.

.Zr in zwanglosen Heften, hrsg. von *K. Krumbácher*, 3. Heft.) Leipzig, Teubner,
viii, 96 p. 6 M.

GITLBAUER, M., Studien zur griechischen Tachygraphie, III : Tachygraphische Texte. (Schluss.) (Archiv. f. Stenographie, 1902, 7, 8.)

— Bemerkungen zu Foats Abhandlung « Weist der Papyrus über den *Staat der
Athener* tachygraphische Kürzungen auf? (Ibid., 5.)

HEADLAM, W., Transposition of words in manuscripts. (Cl. R., 1902, 5,
p. 243-256.)

KLINKENBERG, J., Der Grabstein des Xanthias. (Archiv f. Stenogr., LV, 2.)
— Voir Section VI.

LAMBROS, Sp. P., Ἀθηναῖοι βιβλιογράφοι καὶ κτήτορες κωδίκων κατὰ τοὺς μέσους
αἰῶνας καὶ ἐπὶ Τουρκοκρατίας. (Ἐπετηρὶς τοῦ φιλολ. Συλλόγου Παρνασσοῦ, 1902,
p. 159-218.)

SCHMID, W., Verzeichnis der griechischen Handschriften der Königlichen
Universitäts-bibliothek zu Tübingen. Progr. Tübingen, in-4, 88 p.

SCHUBART. — Voir Section V, Papyrus.

WEINBERGER, W., Griechische Handschriften des Antonios Epárchos.
(Festschrift f. Th. Gomperz, p. 303-311.)

— Handschriftliche und inschriftliche Abkürzungen. (W. St., 1902, 2, p. 296-300.)

WESSELY, C., Studien zur Palaeographie und Papyruskunde, hrsg. von
C. W., II. Leipzig, Avenarius, in-4, p. 21-52, mit 1 Lichtdr. — Taf. und
p. xxxix-lxxiv in autogr. 6 M.

VIII. — Grammaire. — Lexicographie. — Prononciation du grec. — Rhétorique.

ALLEN, J. B., Elementary Greek grammar. London, Frowde, in-12, 198 p. 3 sh.

ALLEN, J. T., On the so-called iterative optative in Greek. (Tr. of Am. philol. Assoc., XXXIII.)

ALLINSON, F. G., On causes contributory to the loss of the optative... in
later Greek. (Studies in hon. of Gildersleeve.)

BABBITT, Fr. C., Μή in the questions. (Proceed. of Am. philol. Assoc.,
XXXII, p. xliii-iv.)

— A grammar of Attic und Ionic Greek. New-York, Amer. Book. Company.

BAILLY et **Max EGGER,** Abrégé du Dictionnaire grec-français. Paris, Hachette, xii, 1012 p. 7 fr. 50 c.

BATES, W. N., The old Greek Alphabet in the light of new discoveries in
Egypt. (Proceed. of Am. ph. Assoc., XXXII, p. lxxvi.)

BECHTEL. F., Die Attischen Frauennamen nach ihrem System dargestellt.
Göttingen, Vandenhoeck et Ruprecht. viii, 144 p. 5 M.

— Griech. γιλλός. (Beitr. z. Kunde d. Indog. Spr., XXVII, 1-2, p. 191-192.)

BILL, C. P., Notes on the Greek Θεωρός and Θεωρία. (Trans. of Amer. philol.
Assoc., 1901, p. 197-204.)

BODISS, J., A föltételez mondatok megrilágitása as görög és latin nyelvben.
[Les formes conditionnelles en gr. et en lat.] (Magyar Paedagogia, XI, 5-6,
p. 273-284.)

BOISSIER, G., Introduction de la rhétorique grecque à Rome. (Mélanges Perrot, p. 13-16.)

BOLLING, G. M., καίτοι with the participle. (Amer. J. of Philol., XXIII, 3,
p. 319-321.)

BRÉAL, M., Étymologies. [Partie grecque.] Ἀριθμός. Δέμας. Ἀρίζηλος. Μάτην,

« vainement «, Ἄψ. Κατά. Ἐγγύς. Ἄντικρυς. Ἀοσσητήρ, « qui porte secours ». Εἰκοσινήριτα. (Mém. de la Soc. de ling., XII, 4, p. 239-248.)

— Αὐτομίμησις. (Mélanges Perrot, p. 31-36.)

— Étymologies. 1 : ὀφείλω. 2 : ἡλικίη. 3. ἠρίον. (Mém. Soc. ling., XII, 5, p. 289-294.)

BRUGMANN, K., Die ionischen Iterativpräterita auf -σκον. (Indog. Forschgn, XIII, 3-4, p. 267-277.)

— Beiträge zur griechischen und lat. Sprachgeschichte. (S.-A. aus d. Berichten über die Verhandlgn d. K. Sachs. Ges. d. Wiss. zu Leipzig. Philol.-hist. Kl. Bd. 53.) Leipzig, Teubner, 1901, p. 89-115.

— Zu den Superlativbildungen des Griechischen und des Lateinischen. 1 : Griech. -τατος. 2 : Lat.-issimus. 3 : Lat. supremus, extremus, postremus. (Indog. Forschgn, XIV, p. 1-15.)

BUGGE, S., Lykische Studien. II. Christiania, Dybwad, 1901, 123 p.

COSTANZI, V., Paralipomena. [III : Πρωτεύς.] (Riv. d. stor. ant., N. S., VII, 1, p. 53-57.)

CROENERT, G. — Voir Section V, Papyrus.

CRUSIUS, O., Ἐλαφόστικτος. (Ph. XVI, 1, p. 125-131.)

DANIELSSON, O. A., Zur i-Epenthese im Griechischen. (Indog. Forschgn, XIV, p. 375-396.)

DARKO, J., A κοινή vissonya az ogorog dialektusokhog. (Egyet. philol. Kozlöni, 1902, 6-7, p. 484-515.)

DEISSMANN, A., Der Artikel vor Personennamen in der spätgriechischen Umgangssprache. (Berliner philol. Wochenschr., 1902, nr. 47, p. 1467-1468.)

DELBRUECK, R., Φέριστος und Verwandtes. (Indog. Forschgn., XIV, p. 46-51.)

DIELS, M., Onomatologisches. (H., 1902, 3, p. 480-483.)

DRERUP, E., Die Anfänge der rhetorischen Kunstprosa. (Jahrbb. f. class. Philol., 27. Suppl. Bd., 2. Heft, p. 219-51.)

EBELING, H. L., Some statistics on the order of words in Greek. (St. in hon. of Gildersleeve.)

FLIPSE, H. J., De vocis quae est λόγος significatione atque usu. Diss. Leyden, Donner, 102 p.

FUHR, K., Zu griechischen Prosaïker. II : ἔθηκαν und ἔδωκαν bei den Rednern. (Rh. M., LVII, 3, p. 425-428.)

FUCHS, Alb., Die Temporalsätze mit den Konjuncktionen « bis » und » solange als ». (Beitr. z. histor. Syntax der griech. Spr., hrsg. von M. von Schantz, 14. Heft.) Würzburg, Stuber, v, 130 p.   3 M. 60 Pf.

GÉRARDY, H., Leçon de grammaire grecque pour la classe de 4e. (Bull, bibliogr. et pédagog. du Musée belge, 1903, 1, p. 59-62.)

GILDERSLEEVE, B. L., Problems in Greek syntax. (Amer. J. of philol., XXIII, 1, p. 1-27; 2, p. 121-141 ; 3, p. 241-246.)

GIORNI, C., Grammatica della lingua greca ad uso dei ginnasi e dei licei. vol. I : Teoria delle forme. vol. II : Sintassi. Dialetto omerico. Firenze, Sansoni, 1901, xi, 212 et vii, 143 p.

GREEN, E. L., μή for οὐ before Lucian. (St. in hon. of Gildersleeve.)

HAEBLER, G., Einführung in die sechs Hauptsprachen der Europäischen Culturvölker. 1 : Griechisch. Wiesbaden, Quiel [1895], 1903, iii, 205 p. — Lösungen. 67 p.

HATZIDAKIS, G. N., Περὶ ἀναυξήτων τινῶν ῥηματικῶν τύπων. (Ἀθ. XIV, 1-2, p. 133-136.)

— Περιεργία, καλλιεργία, ἐχεμυθία, οὐχὶ περιεργεία, καλλιέργεια ἐχεμύθεια. (Ibid., p. 239-240.)

— Περὶ τῶν παθητικῶν ἀορίστων εἰς -ηκα ἀντὶ -ην. (Ibid., p. 343-348.)

HEADLAM, W., ἀτρέμα- slightly. (Cl. R., 1902, 6, p. 319.)

— Metaphor. (Ibid., 1902, 9, p. 434-442.)

HEINE, M., Substantiva mit α privativum. Diss. München, Buchholz, 52 p.

HIRT, H., Handbuch der griechischen Laut-und Formenlehre. Heidelberg, Winter, xvi, 464 p. 8 M.

HOFMANN, O., Die griechischen Dialekte. 3. Bd. Der ionische Dialekt.

JACOBSOHN, H., Miscellen. 1 ι Σπερθίης. 2 : ᾽Ατα. (Z. f. vergl. Sprachforschung.)

JANNARIS, A. N., The true meaning of the κοινή. (Cl. R., 1903, 2, p. 93-96.)

KEIL, Br., ἐκατώρυγος. (H., 1903, 1. p. 140-144.)

KERN, J. W., On the case construction of verbs of sight and hearing in Greek. (St. in hon. of Gildersleeve.)

KINDLMANN, Th., Ueber die Betonung des griechischen adjektivischen und partizipialen Substantivs der ersten und zweiten Deklination im Nominativ singularis. Progr. Mahr — Neustadt, 1901.

Κοινή (la) secondo il professore P. Kretschmer. (Bessarione, anno VI, vol. 2, fasc. 65.)

KRETSCHMER., P., Demeter. (W. St., 1902, 2, p. 523-526.)

KRUMBACHER, K., Zur Bedeutungsgeschichte des Wortes τραγουδῶ. (Byz., Z. XI, 3-4. p. 523.)

MEILLET, A., Varia. [II : sur le timbre de la voyelle du redoublement en indo-européen. V : Gr. δύο.] (Mém. de la Soc. de ling., XII, 4, p. 213-238.)

MEISTER, R. — Voir SECTION VI.

MENGE, H., Griechisches-deutsches Schul-Wörterbuch. Mit Berücksichtigung der Etymologie verfasst. (In 8 Liefgn.) 1. L. Berlin, Langenscheidt, 1902, xii, p. 1-80. 75 Pf.

MEYER, L., Handbuch der griechischen Etymologie. T. IV et dernier. Wörter mit dem Anlaut σ, ν, μ, ρ, λ. Leipzig, Hirzel, 608 p.

— Ueber die Modi im Griechischen. (G. N., 1903, 3, p. 313-346.)

MÜLLER, W. M. und **W. SPIEGELBERG,** Aegyptische und griechische Eigennamen. (Oriental. Litteratur-Zeitg, 1902, 5-6.)

MURRAY, A. T., Improvements to Liddel and Scott's Greek dictionary. (Proceed. of Am. ph. Assoc., XXXII, p. LVII-LX.)

OESTERGAARD, C. von, διάκτορος, ᾽Αργεϊφόντης. (H., 1902, 3, p. 333-338.)

PEPPLER, Ch. W. — Voir SECTION V, ARISTOPHANE.

POLITIS, N. G., Μελέται περὶ τοῦ βίου καὶ τῆς γλώσσης τοῦ ἑλληνικοῦ λαοῦ. Παροιμίαι. Τόμος Δ'. Athènes, Beck et Barth, 1903.

PRELLWITZ, W., Zu den altgriechischen Ortsnamen. (Beitr. z. K. d. Indog. Sprachen, XXVII, 1-2, p. 192.)

RADERMACHER, L., Drei Deutungen. 1 : δῆ-δέη. 2 : εις νεων. 3 : δέ? (Rh. M., LVII, 3, p. 478-480.)

— Μυκήνησι. (Ibid., 4, p. 640.)

— Φόβος. — Voir SECTION V, PLUTARQUE.

RIBAR, A., Mots grecs dans les langues croate et serbe. (En tchèque.) Skolski Vjenik, année IX, 1-6.)

SCHOENER, Chr., Die Inchoativklasse der unregelmässigen griechischen Verba. (Bl. f. bayr. Gymnasialschulw., 1902, 11-12, p. 673-678.)

SCHULZE, W., Contraction im proklitischen Worte. (Z. f. vergleich. Sprachforschg, 1902, 2, p. 286-288.)

— βλάσφημος. (Ibid., p. 289-290.)

SCHWYZER, E., Varia zur griech. und lat. Grammatik. 1 : Ein besonderer Fall von Haplologie im Griech. 2 ; 3. (Indog. Forschgn, XIV, p. 24-31.)

SHILLETO, W. F. R., ἀτρέμα (ἀτρεμεί) slightly. (Cl. R., 1902, 5, p. 284.)

SKASSIS, E., Παρατηρήσεις εἰς τὰ ᾿Αθηναϊκά. (᾿Αθ., XIV, 4, p. 493-505.)

SOLMSEN F., δίζημαι, δίζομαι und δίζω. (Indog. Forschgn., XIV, p. 426-438.)

STOLZ, Fr., Zur griech. und zur lat. Sprachgeschichte 1 : Zur Bildung der 2. und 3. Sg. Präs. Akt. von φημί. 2 : lac. (Indog. Forschgn, XIV, p. 15-24.)

— Zur Bildung der 2. und 3. Sg. — Ind. und conj. Präsens Akt. im Griechischen. (Z. f. Oesterr. Gymnasialw., 1902, 12, p. 1057-1066.)

STRACHAN, J., On some Greek comparatives. (Cl. R., 1902, 8, p. 397-398.)

— The Gortynian infinitive in -μην. (Ibid., 1903, 1, p. 29-30.)

THUMB. A. — Voir Section V, Bible.

— Alt-und neugriechische Miszellen. [1 : Griech. αἴγλη, « Glanz ». 2 : Gr. ὀλισθάνω. 3 : Altserb. sebru und neugr. σέμπρος. 4 : neugr. σύμπλιος « Nachbar ». 5 : neugr. τσέργα « Decke ». 6 : Zu den germanischen Elementen des Neugriechischen.] (Indog. Forschgn., XIV, p. 343-362.)

TORP, A., Lykische Beiträge. V. Christiania, Dybwad, 1901, 44 p.

WACKERNAGEL, J., Zur griechischen Nominalflexion. [1 : Der Akkusativ pluralis auf -εις. 2 : Der Dativ pluralis auf εσσι.] (Indog. Forschgn., XIV, p. 367-375.)

WECKLEIN, N., Ueber τοῖος und τοιοῦτος. (Rh. M., LVIII, 1, p. 159-160.)

WEIGEL, Fl., Zur griechischen Schulgrammatik, 1. Zur Komparation der Adjectiva. 2. Zur Bildung der Zeiten von den Mutastämmen. Progr. Wien, 1901.

WERNER, J., Ueber die Alliteration in der ältesten griechischen Kunstprosa. Progr. Lundenburg, 1901.

WESSELY, C., Die lateinischen Elemente in der Gräzität des aegyptischen Papyrusurkunden. (W. St. 1902, 1, p. 98-151.)

WHEELER, J. R., Two lexicographical notes. (Cl. R., 1903, 1, p. 28-29.)

WILLEMS, A., Du choix des mots chez les Attiques. (R. belge de l'instr. publ., 1903, 1, p. 1-7.)

WISEN, M., Miscellanea. 3 : ῎Αν et Κε(ν) particulae. (Från filol. Föreningen i Lund, sprakliga uppsatser, II.)

WOLTERS, P., Plangon. (Rh. M., LVIII, 1, p. 154.)

— ᾿Ελαφόστικτος. (H., 1903, 2, p. 265-273.)

ZIMMERMANN, A., Flexionsentgleisung bei lat. den griechischen auf -ιον bezw. -ω entlehnten Frauennamen. (Bl. f. Bayr. Gymnasialschulw., 1903, 1-2, p. 70-71.)

IX. — Métrique. — Musique.

BROECKHOVEN, J. A., van, The music und rhythm of the Greeks in the light of modern research. (Proceed. of Amer. philol. Assoc. XXXIII.)

CHRIST, W., Grundfragen der melischen Metrik der Griechen. (Aus d. Abhandlgn. d. bayr. Ak. d. W.) München, G. Franz, p. 211-324.

DOEHRMANN, W., De versuum lyricorum incisionibus quaestiones selectae. Diss. Göttingen, 48 p.

DENT, E. J., Mr Headlam's theory of Greek lyric metre, from a musician's point of view. (J. H. S., 1903, 1, p. 71-74.)

DRAHEIM, H., Ueber Einfluss der griechischen Metrik auf die lat. Sprache. (Wochenschr. f. class. Philol., 1902, nr. 44. p. 1210-1216.)

ESTÈVE, J., Les innovations musicales dans la tragédie grecque à l'époque d'Euripide. Paris, Hachette.

— De formis quibusdam dochmii et versus dochmiaci apud Aeschylum, Sopho-
clem, Euripidem exstantibus. Nîmes, Impr. coop. 1903, 96 p.

FAIRCLOUGH, H. R., The connection between music and poetry in early
Greek literature. (St. in hon. of Gildersleeve.)

HEADLAM, W., Greek lyric metre. (J. H. S. XXII, 2, p. 209-227.)

JAECKEL, F., De poetarum siculorum hexametro. Diss. Leipzig, 75 p.; 14 Taf.

MESS, A. von, Zur Positionsdehnung vor muta und liquida bei den attischen
Dichtern. (Rh. M., LVIII, 2, p. 270-293.)

MILLER, C. W. E., The relation of the rythm of poetry to that of the spoken
language, with special reference to ancient Greek. (Studies in hon. of Gildersleeve.)

RIZZO. — Voir Section XII.

SERRUYS, D., Communication relative à un système de métrique verbale
appliquée à l'étude des mètres lyriques. (S. Ac. I., 27 mars 1903, p. 138-142.)

WILAMOWITZ-MOELLENDORFF, U. von, Choriambische Dimeter. (S.
Pr. Ak., 1902, 38, p. 865-896.)

WILLIAMS, C. F. A., Some pompeian musical instruments and the modes
of Aristides Quintilianus. (Cl. R., 1902, 8, p. 409-413.)

X. — HISTOIRE. — GÉOGRAPHIE.

ADAMS. — Voir Section V, Démosthène.

ANSPACH, A. E., De Alexandri Magni expeditione indica. Progr. Duisburg,
45 p.

ARDAILLON, E. et H. CONVERT, Carte archéologique de Délos (1893-
1894). Notice. (15 p.) et carte en 3 feuilles grand aigle (0,80×0,95) à l'échelle
de 1/2000 en 4 couleurs. (Biblioth. des Ecoles fr. d'Ath. et de Rome, Appendice I.) Paris, Fontemoing.

BAKER-PENOYRE, J., Pheneus and the Pheneatiké. (J. H. S., XXII, 2,
p. 228-239) 6 fig.

BELOCH, J., Die delphische Amphiktionie im III. Jahrhundert. (Beitr. z. alten
Geschichte, II, 2, p. 205-226.)

— Zur Chronologie des chremonideischen Krieges. (Ibid., II, 3, p. 473-476.)

— Zu den Archonten des III. Jahrhunderts. (II., 1903, 1, p. 130-135.)

BEVAN, E. R., Antiochus III and his title « Great King. » (J. H. St., XXII, 2,
p. 241-244.)

— The house of Seleucus. London, Arnold, 2 vol.

BIENKOWSKI. — Voir section XIII.

BIRT, Th., Griechische Erinnerungen eines Reisenden. Marburg, Elwert, VIII,
304 p.   3 M. 60 Pf.

BLOCH, G., Hellènes et Doriens. (Mélanges Perrot, p. 9-12.)

BODENSTEINER, E., Troja und Ilion. (Bl. z. Bayr. Gymnasialschulw., 1903,
5-6, p. 402-419.)

BOTTI. — Voir Section XIII.

BOUCHÉ-LECLERCQ, A., Histoire des Lagides. T. Ier : Les cinq premiers
Ptolémées (321-181 av. J.-C.). Paris, E. Leroux, 1903, XII, 408 p.   8 fr.

BUTLER, H. C., The story of Athens. A record of the life and art of the city
of violet crown read in its ruins and in the lives of great Athenians, London,
Warne.

CALVERT, F., Beiträge zur Topographie der Troas. Aus dem Englischen übersetzt von *H. Thiersch.* Mit Zusatz von H. Th. (M. A. I., XXVII, 3, p. 239-252.) 1 Karte und Abb.

CAVAIGNAC, E. — Voir Section V, Papyrus.

CORSSEN, P., Das Todesjahr des Polykarp. (Z. n. W., III, 1.)

— Cyloniana. (Nord. Tidscr. filol., XI, 2, p. 558-566.)

COSTANZI, V., L'anno attico della battaglia presso l'Eurimedonte. (Riv. di filol., 1903, 2, p. 249-267.)

CRONIN, H. S., First Report of a journey in Pisidia, Lycaonia and Pamphylia. [Inscriptions, etc.] (J. H. S., 1902, 1, p. 91-125.)

DELAMARRE, J., L'influence macédonienne dans les Cyclades au III⁰ siècle av. J.-C. (R. Ph., 1902, 3, p. 301-325.)

— Voir Section VI.

DESIDERI, M., La Macedonia dopo la battaglia di Pidna. Studio storico-critico. Roma, Loescher, 1901, in-12, 92 p.

DOERING, A., Eine Frühlingsreise in Griechenland. Frankfurt a. M., neue Frankf. Verlag, 1903, 199 p., 7 Taf.   3 M.

DRAHEIM, H., Die Ithaka-Frage. Progr. Berlin, 1903, in-4, 4 p.

DUHN, F. von, Altes und neues aus Griechenland. (Jahrbuch des Freien Deutschen Hochstifts Frankf. a. M., I, 1, p. 54-64.)

DUSEK, V. J., Athen. (Vestnik ceskych professoru, IXᵉ année, 5.)

FALKE, Ellade e Roma. Quadro storico ed artistico dell' antichità classica. Milano, 1903, in-4, 708 p.

FREDRICH, C. H., Milet. (Velhagen und Klassings Monatshefte, 1903, 4, p. 449-465.) 1 Karte, 23 Abbildgn.

GARDNER, E. A., Ancient Athens. London, Macmillan, 1903, 598 p. ; maps, plans, illustr.   21 sh.

GARLICKI, Th., Un voyage scientifique dans l'île de Théra. (En polonais.) (Symbolae in hon. Cwiklinski.) 19 p.; 2 plans.

GERLAND, E. Kreta. Ein Ueberblick über die neueren wissenschaftlichen Arbeiten auf der Insel. (N. J. Alt., 1902, 10, 1. Abt., p. 726-737.)

GEROYANNIS, C., Die Station « ad Dianam » in Epirus. (Wissenschaftl. Mitteilgn. aus Bosnie und Herzegovina, 1902, p. 204-207.) 4 Abbildgn.

GEYER, F., Topographie und Geschichte der Insel Euboia. I : Bis zum peloponnesische Kriege. (Quellen zur alten Gesch. und Geogr., hrsg. von W. Sieglin, 6 H.) Berlin, Weidmann, 1903, VII, 124 p.   4 M.

GISSING, G., By the Ionian sea. Notes of a ramble in Southern Italy. London, Chapman, in-4.   16 sh.

GRAEF, B., Antiochus Soter. (Jahrb. d. deutschen arch. Instit., 1902, 3, p. 72-80.) 1 Taf., 1 Abb.

HACKMANN F., Die Schlacht bei Gaugamela. Eine Untersuchung zur Geschichte Alexanders des Grossen und ihren Quellen ; nebst einer Beilage. Diss. Halle, 111 p.

HERZOG, R., Κρητικὸς πόλεμος. (Beitr. z. alten Gesch., II, 2, p. 316-333.)

HOLLEAUX, M., Le prétendu traité de 306 entre les Rhodiens et les Romains. (Mélanges Perrot, p. 183-190.)

HORNER, C., Quaestiones Salaminiae. Diss. Bern, 1901, 44 p.

INNES, L. J., The Pelasgians. A new theory. (Biblia, 1902, may, p. 40-46.)

JACOBY, F., Die attische Königsliste (Beitr., z. alt. Gesch. II, 3, 406-439).

JULLIAN, C., La Thalassocratie phocéenne à propos du buste d'Elche. (Bull. hispan., 1903, 2, p. 101-111.)

KAMPERS, Fr., Alexander der Grosse und die Idee des Weltimperiums in Prophetie und Sage. Grundlinien; Materialien und Forschungen. (Studien und

Darstellungen aus dem Gebiete der Geschichte, 1. Bd., 2-3 H.) Freiburg in Br., Herder, ix, 191 p.   3 M.

KANDELOROS, T. Ch., Ἱστορία τῆς Γορτυνίας. Patras, 1899, 346 p.

KENYON, F. G., Phylae and demes in Greco-Roman Egypt. (Arch. f. Papyrusf. II, 1, p. 70-78.)

KIRCHNER, J., Zu den attischen Archonten des III. Jahrhunderts. (H., 1902, 3, p. 435-442.]

KOEPP, Fr., Harmodios und Aristogeiton. Ein Kapitel griechischer Geschichte in Dichtung und Kunst. (N. J. Alt., 1902, 9. 1. Abt., p. 609-634.) 7 Abbildgn.

KRIEGER, H., Vom Bosporus bis zum Persischen Meerbusen. (Westermanns illustr. deutsche Monatshefte, 1902, nov., p. 207-235.) 24 Abb.

KROMAYER, J., Antike Schlachtfelder in Griechenland. Bausteine zu einer antiken Kriegsgeschichte. I. Bd. : von Epaminondas bis zum Eingreifen der Römer. Mit 6 lith. Karten und 4 Taf. in Lichtdr. Berlin, Weidmann, x, 352 p.
12 M.

— Chaeronea. (Methode und Aufgaben der antiken Kriegswissenschaft.) (Z. f. österr. Gymnasialw., 1903, 2, p. 97-108.)

LAMPE, F., Die Kykladen. (Die Umschau, 1902, 35, p. 692-694.) 1 karte.

LEHMANN, C. F., Zur Geschichte und Ueberlieferung des ionischen Aufstandes. (Beitr. z. alt. Gesch., II, 2, p. 334-340.)

— Pausanias' des Spartaners Todesjahr. [Justin, IX, 1, 3.] (Ibid., p. 345-346.)

— Ptolemaios II und Rom. (Ibid., p. 347-348.)

— Zur Chronologie des chremonideischen Krieges. (Ibid., III, 1, p. 170-171.)

— Voir Section V, Bérose.

LENSCHAU, Zur Topographie des alten Akragas. (Berliner philol. Woch., 1903, nr. 6, p. 187-190.)

MAASS. — Voir Section XI.

MARCKS, Die Mykenische Zeit im Geschichtsunterricht des Gymnasiums. Progr. Cöln, in-4, 15 p. mit Abbildgn.

MASI, C., Vicende politiche dell' Asia, dall' Ellesponto all' Indo. Vol. II [dell' a. 67 al 333 d. C.]. Città del Castello, Lapi, 1901.

MESK., J., Zum Kyprischen Kriege. (W. St., 1902, 2, p. 309-312.)

MEYER, P. M., Neue Inschriften und Papyrus zur Geschichte und Chronologie der Ptolemäer. (Beitr. zur alt. Gesch., II, 3, p. 477-479.)

MITTEREGGER, Griechische, römische und vaterländische Sagen und Erzählungen. Ein Anhang zum I. Bd. seines deutschen Lesebuches für Mädchen-Lyzeen. Wien, Denticke, iv, 89 p.   1 M. 40 Pf.

MUNRO, J. A. R., Some observations on the Persian wars. 2. The campaign of Xerxes. (J. H. S., XXII, 2, p. 294-332.)

NICOLAIDES, Cl., Macedonien. Die geschichtliche Entwickelung der Macedonischen Frage im Altertum, im Mittelalter und in der neueren Zeit. Neue [Titel-] Ausg. Berlin, Calvary, [1899], 1903, vii, 267 p.   3 M.

NIKITSKY. — Voir Section VI.

OBERHUMMER, E., Die Insel Cypern. Eine Landeskunde auf historischer Grundlage. 1. Tl. Quellenkunde und Naturbeschreibung. Mit 3 Karten und einem geolog. Profil in Farbendruck, sowie 3 Kärtchen im Text. München, Ackermann, xvi, 488 p.   12 M.

PARGOIRE, J., Autour de Chalcédoine. (Byz. Z., XI, 5-4, p. 333-357.)

PAULATOS. — Voir Section V, Homère.

PETERSDORFF, Rud., Germanen und Griechen. Uebereinstimmungen in ihrer ältesten Kultur im Anschluss an die Germania des Tacitus und Homer. Wiesbaden, Kunze' Nachf. iii, 138 p.   2 M. 60 Pf.

— Zur Aufklärung. (Réponse à une critique de Zernial.) (Woch. f. kl. Philol.,
.1903, nr. 3, p. 85-86.)

PHILIPPSON, A., Geologie der pergamenischen Landschaft. Vorläufiger
Bericht. (M. A. I., XXVII, 1-2, p. 7-9.)

— Beiträge zur Kenntnis der griechischen Inselwelt. (Petermanns Mitteilungen,
etc., 134. Ergänzungsheft.) Gotha, Perthes, IV. 172 p. ; 4 Karten.   10 M.

PODHORSKY, F., Reisebilder aus Italien und Griechenland. Progr., Pola, 38 p.

RADET, G., Recherches sur la géographie ancienne de l'Asie-Mineure. Sur un
point de l'itinéraire d'Alexandre en Lycie. (Mélanges Perrot, p. 277-284.)

— Arganthonios et le mur de Phocée. (Bull. hispan., 1903, 2, p. 111-112.)

RAMSAY, W. M., Exploration in Tarsus and the vicinity. (The Athenaeum. nr
3919, p. 764-766.)

REUSS, Fr., Zur Ueberlieferung der Geschichte Alexanders des Grossen. 1 :
Timagenes und die Alexanderüberlieferung. II : Eratosthenes und die Alexanderüberlieferung. III : Aristobul und Klitarch. (Rh. M., LVII, 4, p. 559-598.)

RIQUIER, A., Histoire grecque. Revue et corrigée par *E. Beurlier.* (Cours élé-
mentaire.) Paris, Delagrave, 1903, in-18, 373 p. ; grav.

— Même titre. (Petit cours.) Ibid., 1903, in-18, 285 p. ; grav.

ROMAIOS, K. A.; Μιχρὰ συμβολὴ εἰς τὴν ἀρχαίαν τοπογραφίαν. ('Αθ., XIV, 1-2,
p. 4-36.)

ROMANSKI, St., Corinthe. (En polonais.) (Symbolae in hon. Cwiklinski.) 17 p.

RUBENSOHN, O., Paros. II. (M. A. I., 1901, 2, p. 157-222, mit Abbildgn. und
Karten.)

— — III (Ibid., 1903, p. 189-238.) 3 Taf., 25 Abb.

RUSTAFJAELL, R. de, Cyzicus. (J. H. S., 1902, 1, p. 174-189.) 1 pl., 8 fig.

SABAT, N., Ithaqué ou Leucade? (En polonais.) (Symbolae in hon. Cwiklinski.)
38 p.

SAULNIER, A., Résumé de l'histoire ancienne des Grecs en 21 leçons. Nouv.
ed. rev. et augm. Paris, Lyon, Beauchesne, in-18 jésus, 168 p.; grav. 1 fr. 50 c.

SEILER, Fr., Eine Inselreise durch das griechische Meer. 3 : Von Paros bis
Thera. (Schluss.) (Grenzboten, Jg. 1902, 6-7 ; 1903, 1, 2, 6, 7.)

— Peloponnesische Reiseskizzen. (Tägl. Rundschau, 1902, nr. 269-271.)

— Griechische Reiseskizzen. 2. Athen. (Grenzb., 1903, nr. 28, 29, 30, 31).

SENCIE, J., Les excursions scientifiques en Grèce. (Bull. bibliogr. et pédagog.
du Musée belge, 1902, 7, p. 324-326.)

SMITH, K. F., The tale of Gyges and the king of Lydia. I. (Amer. J. of philol.,
XXIII, 3, p. 261-282 ; 4, p. 361-387.)

SOKOLOW, Th., Zur Geschichte des dritten vorchristlichen Jahrhunderts. I.
Alexandros, Krateros' Sohn. (Beitr. z. alt. Gesch., III, 1, p. 119-130.)

SOLARI, A., Sulla morte di Conone (Boll. di filol. class., IX, 2, p. 39-41.)

— Sulle relazioni diplomatiche fra la Grecia e la Persia 480-372. (Riv. d. stor. ant.
N. S., VI, 3-4, p. 366-372.)

— Voir SECTION V, PLUTARQUE.

SPETH-SCHUELZBURG, E. Fr. von, Auf klassischem Boden. Wanderungen
durch den Peloponnes und in Kleinasien. München. Roth, 1903, VII, 255 p.
                                                          1 M. 80 Pf.

STAUF von der MARCH, O., Germanen und Griechen. (Völkerpsychologie.
1. Bd.) Leipzig, Julius, XVII, 439 p.   3 M. 50 Pf.

STRAZZULLA, V., Θράχτ,. La serie dei re Odrisi dal 200 a. C. al 46 d. C.
(Bessarione, S. II, vol. II.)

SVORONOS, J. N., Ptolemaïs-Lebedus, etc. — Voir SECTION XIV.

SWOBODA, H., Deutsch-böhmische archäologische Expedition nach Kleinasien.
(Jahresh. f. D. arch. Instit., 1902, 4 ; Anz., p. 160-162.)

TARN, W. W., Notes on Hellenism in Bactria and India. (J. H. S., XXII, 2, p. 268-293.) 4 fig.

UJFALVY, C. de, Le type physique d'Alexandre le Grand, d'après les auteurs anciens et les documents iconographiques. Paris, Fontemoing, gr. in-4°, 185 p.; 22 grav. en couleur et 86 dans le texte.

VIDAL DE LA BLACHE, O., Les Purpuriae du roi Juba. (Mélanges Perrot, p. 325-330.)

WACHSMUTH. C., Athen. (Dans Pauly-Wissowa, Real-Encyclopädie d. class. Alterstunswiss., Suppl.) Stuttgart, Metzler, 1903, p. 159-220 ; 1 farb. Plan.

WALLACE, L. B., The fortunes of Cyrene. (The Antiquarian, 1902, nr. 150, p. 166-168.)

WEBER, C., Erythrai. (M. A. I., 1901, 1, p. 103-118.) 1 Taf.

WESSELY, C., Die Stadt Arsinoë (Krokodilopolis) in griechischer Zeit. [Aus S. W. Ak.] Wien, Gerold, 58 p.

WILSKY, P., Klimatologische Beobachtungen aus Thera. (Thera. Untersuchungen, etc. in den J. 1895-1902.) Berlin, Reimer, VIII, 53 p. Mit 3 Abbildgn im Text und 3 Beilagen. 8 M.

ZERLENDIS, P. G., Ναξία νῆσος καὶ πόλις. (Byz. Z., XI, 3-4, p. 491-499.)

XI. — RELIGION. — CULTE. — MYTHOLOGIE.

ALBERS, C., De diis in locis editis cultis apud Graecos. Diss. Leyden, Zutphen, 1901, 100 p.

ALVIELLA, G., Une initiation aux mystères d'Éleusis dans les premiers siècles de notre ère. (Bull. de l'Acad. roy. de Belgique, 1902, 5.)

BASSET, R., Contes et légendes de la Grèce ancienne. (Suite.) (Rev. des trad. popul., XVI, 5, p. 279-284.)

BAUR, P., Eileithyia. (Univ. of Missouri Studies, I, 4.) VI, 90 p.

BECK, J. W., Over het Sprookje van Eros an Psyche. (Festbundel Prof. Boot, p. 89-96.)

BIDEZ, J., Un faux dieu des oracles chaldaïques. (R. Ph., 1903, 1, p. 79-81.)

BLOCHET, E., Le culte d'Aphrodite-Anahita chez les Arabes du paganisme. Paris, 1903, 55 p.

BONDURAND, E., Jupiter Héliopolitain. (Mém. de l'Acad. de Nîmes.) T. à p. Nîmes, impr. Chastanier, 16 p.

BONNER, C., A study of the Danaids myth. (Harvard Studies, XIII, p. 129-173.)

BOUCHÉ-LECLERCQ, A., La politique religieuse de Ptolémée Soter et le culte de Sérapis. (R. de l'hist. des relig. — Annales du Musée Guimet.) T. à p. Paris, E. Leroux, 30 p.

—Les reclus du Sérapéum de Memphis. (Mélanges Perrot, p. 17-24.)

CAVVADIAS, P., Sur la guérison des malades au Hiéron d'Épidaure. (Mélanges Perrot, p. 41-44.)

COOK, A. B. — Voir Section XIII.

— Zeus, Jupiter and the oak. (Cl. R., 1903, 3, p. 171-186 ; 5, p. 268-278.) 5 fig.

COOLEY, A. St., Nature aspects of Zeus. (Proceed. of Am. ph. Assoc., XXXIII, p. LXV-LXVII.)

COSTANZI, V., Paralipomena [II : Culto di Ἑλένη δενδρίτις.] (Riv. di stor. ant., N. S. VII, 1, p. 49-53.)

COURLANDER, A., Perseus and Andromeda. London. Unicorn Press. 2 sh. 6 d.

CUMONT, Fr. — Voir Section V, Hérodote.

— Une formule grecque de renonciation au judaïsme (W. St., 1902, 2, p. 466-472.)

— The Mithraic liturgy, clergy and devotees. (The Open Court, 1902, nov., p. 670-683.) 3 fig.

— Die Mysterien des Mithra. Ein Beitrag zur Religionsgeschichte der römischen Kaizerzeit. Deutsch von *Georg Gehrich*. Leipzig, Teubner, xvi, 176 p. 9 Abb., 2 Taf., 1 karte.   5 M.

DECHARME, P., La loi de Diopeithès. (Mélanges Perrot, 73-78.)

DEISSMANN, A., Die Hellenisierung des semitischen Monotheismus. (N. J. Alt., 1903, 3. 1. Abt., p. 161-177.) — T. à p. Leipzig, Teubner, 1903.

DEUBNER, L., Φόβος. (M. A. I., XXVII, 3, p. 253-264.) 5 Abb.

DIETERICH, A., Die Religion des Mithras. (Bonner Jahrbücher, CVIII-CIX, p. 26-41.)

DRAGOUMIS, S. N., Μυστικὴ προστροπὴ Δήμητρος καὶ Περσεφόνης. (M. A. I. 1901, 1, p. 38-49.)

— Στέμματα — Κληῖδες — 'Ομφαλός. (J. intern. d'arch. num., 1902, 3-4, p. 329-342.)

FESTA, G. B., Le prime origine della religione greca. (At. e R., nr. 47, p. 738-762.)

FOUCART, P., Le culte de Bendis en Attique. (Mélanges Perrot, p. 95-102.) 2 fig.

FRIES, C., Babylonische und griechische Mythologie. (N. J. Alt., 1902, 10. 1. Abt., p. 691-707.) 1 Abb.

G., E. E. — Voir Section III.

GRUPPE, O., Orpheus. (In : Roscher's Lexicon der gr. und röm. Mythologie.)

HANNIG. Fl., De Pegaso. (Breslauer philol. Abhandlgn, VIII. Bd., 4. Heft.) 6 M.

HARRINGTON, K. P. and H. C. TOLMAN, Greek and Roman mythology, based on Steuding's « Griechische und röm. Mythologie » (The Student's Series of Latin classics.) Chicago, 1903.)   3 sh. 6 d.

HAUSSOULLIER, B., Fr. CUMONT, G. RADET, Dioshiéron et Bonita. (R. des ét. anc., 1903, 1, p. 10-14.)

Hellenentum und Christentum, 1 : Die homerische Religion. (Die Grenzboten, 1901, 45, p. 285-297; 46, p. 338-349). II : Die nachhomerische Religion. (Ibid., 50, p. 534-546 ; 51, p. 579-589.)

HEUZEY, L., Archéologie orientale. I : Un dieu cavalier [Gennéas]. II. Stèles phéniciennes. (S. Ac. I., 1902, mars-avril, p. 190-206.) 3 pl.

HEYMANN, W., Seelenglaube und Seelencult im alten Griechenland. (Protestantenblatt, 1903, 1, 2.)

HIRST, G. M., The cults of Olbia. (J. H. S., XXII, 2, p. 245-267.) 6 fig.

HOLLAND, R., Die Sage von Daidalos und Ikaros. Progr. Leipzig, 38 p.
1 M. 20 Pf.

JOBST, D., Scylla und Charybdis. Progr. Würzburg, 1903, 31 p.

KAMPERS. — Voir Section X.

KERN, O., Ueber die Anfänge der hellenischen Religion. Vortrag. Berlin, Weidmann, 34 p.

KINGSLEY, C., The heroes ; or Greek fairy tales for my children. Illustr. by author ; notes and aids to pronunciation of Greek names, by *H. B. Cotterill.* N. ed. London, Macmillan, in-12, 300 p.   1 sh. 6 d.

KNAACK, G., Zur Sage von Daidalos und Ikaros. (H., 1902, 4, p. 598-607.)

KOHUT. — Voir Section II.

KOERTE, A., Ein Gesetz des Redners Lykurgos. (Rh. M., LVII, 4, p. 625-627.)

LÉCRIVAIN. — Voir Section XII.

LEGGE, F., The names of demons in the magic papyri. (Proceed. of the Soc. of bibl. archaeology, 1901, 2, p. 41-49.)

LEGRAND, Ph. E., L'oracle rendu à Chairéphon. (Mélanges Perrot, p. 213-222.)

LEHMANN, Ad., Kulturgeschichtliche Bilder. II. Abth. Alte Geschichte. Griechische Tempelweihe. (Farbdr.) Leipzig, Wachsmuth.   2 M. 80 Pf.

LEHRS, K., Die Nymphen (Natur). Zum Schulgebrauch bearbeitet von *Em. Grosse* Leipzig, Teubner, 29 p.   60 Pf.

LOEWY, E., Zum Harpyenmonument. (Mélanges Perrot, p. 223-226.)

LUDWICH, A. — Voir Section V, Homère.

MAASS, E., Griechen und Semiten auf dem Isthmus von Korinth. Religionsgeschichtliche Untersuchungen. (Berlin, Reimer, 1903, ix, 135 p.; 1 Abbildg.

MILANI. — Voir Section XIII.

MITTEREGGER. — Voir Section X.

NILSSON, M. P., Das Ei im Totenkultus der Griechen. (Fran filol. Föreningen i Lund sprakliga uppsatser, 2.)

PERDRIZET. — Voir Section VI.

PROTT, H. von, Dionys Kathegemon. (M. A. I., XXVII, 3, p. 161-168; Nachtrag, p. 265-266.)

RADERMACHER, L. — Voir Section V, Plutarque.

RAUSCHE. — Voir Section XIII.

REINACH, S., Communication sur les peines éternelles chez les Grecs. Nouvelle interprétation. (S. Ac. I., 3 oct. 1902, p. 506-507.)

— La mort d'Orphée. (R. Arch., 1902, 9-10, p. 242-279.)

RENEL, Ch., L'arc-en-ciel dans la tradition religieuse de l'antiquité. (R. de l'hist. des relig., 1902, 4.)

RICHTER, W., Der Oedipusmythus in der kyklischen Thebais und Oedipodie. Progr. Schaffhausen, Schoch, 1903, 31 p.   80 Pf.

RJEDIN, E. K., Les anciens dieux (planètes) dans les manuscrits illustrés de Cosmas Indicopleustes. (En russe.) (Mém. de la Soc. archéol. russe, I, p. 33-43.) 5 pl.

ROECK. — Voir Section III.

ROSCHER, W. H., Ausführliches Lexicon der gr. und röm. Mythologie. Suppl. *Garter.* I. Bd. Epitheta deorum. Leipzig, Teubner, viii, 154 p.   7 M.

— Gehörte das E zu den delphischen Sprüchen? (Ph., XV, 4, p. 513 et ss.)

— Zu den griechischen Religionsaltertümern. 1 : Zu Hesychios s. v. ὀγδόδιον. 2 : βοῦς ἕβδομος. (Archiv f. Relig., 1903, 1, p. 62-69.)

ROUSE, W. H. D., Greek votive offerings. Essay in the history of Greek religion. London, Clay, 480 p.   15 sh.

SANDERS, Ch. S., Jupiter Dolichenus. (J. of Amer. Orient. Soc., 1902, 1, p. 84-92.)

STAEHLIN. — Voir Section V, Pindare.

STEUDING, H., Wie vergeistigt Goethe in seinen Dramen die der griechischen, Mythologie entlehnten Motive? (Z. f. d. deutschen Unterricht, XVI, 12.)

TIELE, C. P., Geschiedenis van den godsdienst in de oudheid tot op Alexander den Groote. 2. deel. Amsterdam, 413 p.

USENER, W., Dreiheit. I. (Rh. M., LVIII, 1, p. 1-47.)

— — II. (Ibid., LVIII, 2, p. 161-208.)

VISSER, M. W. de, Die nicht menschengestaltigen Götter der Griechen. Leiden, Brill. 1903, x, 272 p.   5 M.

VUERTHEIM, J., De Carneis. (Mn. XXXI, 2, p. 234-260.)

— De Amazonibus. (Mn. 1902, 3, p. 263 et ss.)

WARREN, S. J., Oknos en de Daneïden in Delphi en op Ceylon. (Festbundel Prof. Boot, p. 69-73.)

WIDE, S.; Mykenische Götterbilder und Idole. (M. A. I., XXVI, 3-4, p. 247-257.) 1 Taf; 5 Abb.

WILAMOWITZ-MOELLENDORFF, U. von, Ueber die Herkunft des Apollon. (Vorläufiger Bericht.) (S. Pr. Ak.. 1903, 29, p. 631.)

WIPPRECHT, F., Zur Entwicklung der rationalistischen Mythendeutung bei den Griechen. I. Progr. Donaueschingen, in-4, 46 p.

ZIEHEN, L., Οὐλόχυται. (H. 1902, 3, p. 391-400.)

XII. — Antiquités. — Institutions.

BEASLEY, T. W., Le cautionnement dans l'ancien droit grec. Paris, Bouillon, 1903, xvi, 79 p.

BOXLER, A., Précis des institutions publiques de la Grèce et de Rome ancienne. Paris, Lecoffre, 1903, xxvii, 423 p.; figg.

BURCKHARDT, J., Griechische Kulturgeschichte. IV. Bd. Hrsg. von *J. Oeri.* Berlin, Spemann, iv, 660 p.   11 M.

CAUFEYNON, La prostitution à travers les âges depuis les temps les plus reculés, ou historique complet de la prostitution en Assyrie, Indes, Syrie, Phénicie, Perse, Lydie, Arménie, Palestine, Egypte, à Athènes, Corinthe, Sparte, à Rome, chez les Francs, au moyen âge et sous la Renaissance. Paris, Fort, 274 p. ; grav.   2 fr.

COSTA, E., Sul papiro fiorentino n. 1.; le locazioni dei fondi nei papiri greco-egizi. (Boll. d. Istituto di diritto rom., XIV.)

DEMOULIN. — Voir Section VI.

FRANCOTTE, ROERSCH, SENCIE. — Voir Section VI.

GARDIKAS, G., Ἡ γυνὴ ἐν τῷ ἑλληνικῷ πολιτισμῷ. (Aθ., XIV, 4, p. 387-492.)

GARDINER, E. N., The method of deciding the Pentathlon. (J. H, S., 1903, 1, p. 54-70.)

GAROFALO, F. R., Sulle armate tolemaiche. (Rendic. d. r. Accad. de Lincei, Cl. morale, 1902, 3-4, p. 157-165.)

GRADENWITZ, O., Zwei Bankanweisungen aus den Berliner Papyri. (Archiv f. Papyrusforschg., II, 1, p. 96-116.)

GUIRAUD, P., Le soldat grec et le soldat romain. Dans « L'armée à travers les âges. » Conférences faites en 1900 à l'Ecole spéciale militaire de Saint-Cyr. Paris, Chapelot.

HELBIG, W., Les Ἱππεῖς athéniens. (Mém. de l'Acad. des Inscr. et b.-l., t. XXXVII.) T. à p. Klincksieck, 112 p., 2 pl., 36 fig.

HENSELL, W., Altes und Neues zur griechisch-römischen Tracht. (Z. f. d. Gymnasialw., 1902, 12, p. 737-758.)

HILLER von GAERTRINGEN, F., Zu H., 1903, p. 146 ff. [Fünfzahl der Prytanen.] (H. 1903, 2, p. 320.)

HIRZEL, R., Der Eid. Ein Beitrag zu seiner Geschichte. Leipzig, Hirzel, vi, 225 p.

HORNYANSKY, G., A szoczializmus Költészete a görög okorban. (Egyet. philol. közl., 1902, 10, p. 871-883.)

HUDDILSTON. — Voir Section XIII.

HULA, E., Dekaprotie und Eikosaprotie. (Jahresh. d. österr. arch. Instit., 1902, 2, p. 197-207.).

KAZAROW, G., Der liparische Kommunistenstaat. (Ph., XVI, 1, p. 157-160.)

KOCHANOWSKI, J., Die Abfertigung der griechischen Gesandten, in Uebersetzung von *A. Stylo.* Progr. Krakau, 1903.

KROMAYER, J., Studien über Wehrkraft und Wehrverfassung der griechischen Staaten, vornehmlich im 4. Jahrhundert v. Chr. (Beitr. z. alt. Gesch., III, 1, p. 27-67.)

LALLEMAND, L., Histoire de la charité. T. I : L'Antiquité. Paris, Picard, 82 p.

LÉCRIVAIN, Ch., Une catégorie de traités internationaux grecs : Les Symbola. (Bull. de l'Acad. des sc., etc. de Toulouse, t. II, p. 150-159.)

LEGRAND, Ph. E., Στρατεύεσθαι μετὰ Ἀθηναίων. (R. E. G., mai-juin 1902, p. 144-147.)

LÉVY, J., Les πατρόβουλοι dans l'épigraphie grecque et la littérature talmudique. (R. Ph., 1902, 3, 272-278.)

LORIMER, H. L., The country cart of ancient Greece. (J. H. S., 1903, 1, p. 132-151.) 10. fig.

MEDERLE, C., De jurisjurandi in lite attica decem oratorum aetate usu. Diss. München, 37 p.

NABER, J. C., Observatiunculae ad papyros juridicae. (Contin.) (Archiv f. Papyrusf., II, 1, p. 32-40.)

NIKITSKI, A., ἀνεπιδικσία. (H., 1903, 3, p. 406-413.)

ORTLEB, A. und G., Kulturgeschichte des antiken Griechenlands in Wort und Bild. Leipzig, A. O. Paul, in-32, 116 p. ; 46 Abbildgn.   30 Pf.

PHOTIADIS, P. S., Συμβολαὶ εἰς τὸ ἀττικὸν δίκαιον ἢ διορθωτικὰ καὶ ἑρμηνευτικὰ εἰς τὸ ῥητορικὸν Κανταβριγιακὸν λεξικόν (Ἀθ. XIV, 1-2, p. 75-122.)

RUGGIERO, R. de. — Voir Section V, Papyrus.

SAVAGE, Ch. A., The Athenian in his relations to the State. (St. in hon. of Gildersleeve.)

SCHJOTT, P. O., Die antike Triere. (Das humanistische Gymnasium, 1903, 1-2, p. 11-16.)

SELIVANOV, S. und Fr. HILLER von GAERTRINGEN, Ueber die Zahl der Rhodischen Prytanen. (H., 1903, 1, p. 146-149.)

SICILIANO-VILLANUEVA, L., Sul diritto greco-romano (privato) in Sicilia. (Riv. di stor. e filos. del diritto, II, 7.) Palermo, 1901, 107 p.

SPECK, E., Handelsgeschichte des Altertums. II. Bd. : Die Griechen. Leipzig, Blandstetter, vIII, 582 p.   7 M.

THALHEIM, Th., Zur Eisangelie in Athen. (H. 1902, 3, p. 339-352.)

WENGER, L., Papyrusforschung und Rechtswissenschaft. Vortrag. Graz, Leuchner und Lubensky, 1903, 56 p.   1 M.

— Der Eid in den Papyrusurkunden. (Z. d. Savignystiftung f. Rechtsgesch.; Röm. Abt., XXIII, p. 158-174.)

ZIEBARTH, E., Beiträge zum griechischen Recht. 1 : Die Stiftung nach griechischem Recht. (Z. f. vergl. Rechtswiss., XVI, 1-2, p. 248-315.)

Antiquités scéniques.

CYBULSKY, St., Tabulae quibus antiquitates gr. et rom. illustrantur. Taf. XII XIII. Das antike Theater. Erklärender Text von *E. Bodensteiner.* Leipzig, Koehler, 39 p. ; 10 Abbild.; 4 Taf.   1 M.

FERRARI, G., La scenografia. Cenni storici dall' evo classico ai nostri giorni. Milano, Hoepli, xxIv, 327 p., 16 incisioni, 160 tav. et 5 tricromi.

FLINCKINGER, R. C., The meaning of ἐπὶ τῆς σκηνῆς in writers of the fourth century. (Printed from Decennial publications of the University of Chicago, vol. VI.) Chicago, 16 p.

HENSE, O., Die Modifizierung der Maske in der griechischen Tragödie. (Festschrift der Universität Freiburg.) — S.-A. Freiburg i. Br., Wagner, vi, 299 p.

MUELLER, Alb., Das attische Bühnenwesen kurz dargestellt. Gütersloh, Bertelsmann, VIII, 117 p., mit 21 Abbildgn.   2 M.

RIZZO, G. E., Studi archeologici sulla tragedia e sul ditirambo. (Riv. di filol., XXX, 3, p. 447-507.)

SETTI. — Voir Section V, Aristophane.

ZURETTI. — Voir Section V, Aristophane.

XIII. — Art et archéologie figurée. — Fouilles.

Acquisitions nouvelles du British Museum; — du Louvre; — du Musée Ashmoléen à Oxford; — du Musée des beaux-arts de Boston. (Jahrb. d. deutschen arch. Instit., 1902, 3, p. 117-132.)

ALTMANN, W., De architectura et ornamentis sarcophagorum. Pars prior. Halle, 36 p.; 2 Taf.

— Architektur und Ornamentik der antiken Sarkophage. Berlin, Weidmann, VII, 112 p.; 33 Abbildgn; 2 Taf.   4 M.

Auffindung eines attischen Gefässes in Susa. (Wochenschr. f. klass. Philol., 1902, 37, p. 1022.)

Ausgrabungen (die) von Argos. (Norddeutsche allg. Zeitg, Beilage, 1902, nr. 174 a.)

— in Tegea und Argos. (Wochenschr. f. klass. Philol., 1902, nr. 41, p. 1132-1133.)

(BELGER, Ch.), Die Wassersorgung Korinths. Griech. Ausgrabgn am Heraion von Samos. (Berliner f. philol. Woch., 1902, nr. 48, p. 1500-1502.)

BENNDORF, O., Grabstele von Arsada in Lykien. (Mélanges Perrot, p. 1-3.)

BIENKOWSKI, La défaite des Galates dans les œuvres d'art de l'antiquité. (Bull. intern. de l'Acad. des sc. de Cracovie, 1902, nr 8.)

BLINKENBERG, Chr. et K. F. KINCH, Exploration archéologique de Rhodes. (Fondation Carlsberg.) (Bull. de l'Acad. roy. des sc. et l. de Danemark, 1903, 2, p. 72-98.) Figg.

BODE, W., Die Fälschung alter Kunstwerke. (Die Woche, 1903, nr. 16.)

BODENSTEINER, E., Troja und Ilion. (Bl. f. Bayr. Gymnasialschulw., 1903, 5-6, p. 402-419.)

BOSANQUET R. C. and M. N. TOD, Archæology in Greece, 1901-1902. (J. H. S., XXII, 2, p. 378-394.) 2 fig.

BOTTI, G., La nécropole de l'île de Pharos. (Aufouchy.) (Bull. de la Soc. archéol. d'Alexandrie, 1902, 4, p. 9-36.) 1 pl.; 1 fig.

— Additions au plan d'Alexandrie. L'ancien théâtre d'Alexandrie. (Ibid., p. 119-121), 1 pl.

BOURGUET, E., Θυίαι — Θύστιον. (Mélanges Perrot, p. 25-29.)

BRUNN, ARNDT, BRUCKMANN, Griechische und röm. Porträts, 58. und 59. Liefgn.

BULIC. F., Ritrovamenti antichi risguardanti la topografia suburbana dell' antica Salona. (Boll. d. arch. e stor. Dalmata, 1902, 6-8, p. 112-118.)

BULLE, H., Klingers Beethoven und die farbige Plastik der Griechen. München, Bruckmann, 48 p.; 14 Abbildgn.   1 M. 50 Pf.

BUERCHNER, L., Ein attisches Grabrelief. (Jahresh. d. österr. arch. Instit. 1902, 2; Beibl., p. 137.)

Catalogue illustré de la collection d'antiquités gr. et rom., etc. (Vente du 11 au 11 mai 1903.) Mâcon, Protat, 1903, 97 p.

CHERBULIEZ, V., Athenische Plaudereien über ein Pferd des Phidias. Uebers. von *J. Riedisser*, mit einem Nachwort von *W. Amelung*, Strassburg, Heitz, 1903, 325 p.; 1 Taf.; 75 Abbildgn.

Chronique archéologique. (Palais de Phaestos, en Crète ; — Nouveau fragment de la frise du Parthénon. — Fragment du vase François. — Bas-relief funéraire gréco-thrace de Thessalonique. — Objets d'arts antiques de la mer près d'Anticythère.) (Woch. f. klass. Philologie, 1903, nr. 2, p. 50-54.)

CLARKE-BACON-KOLDEWEN, Investigations at Assos. (Amer. J. of arch., 1902, 3, p. 340-342.)

COLLIGNON, M., Deux bustes funéraires d'Asie-Mineure au Musée de Bruxelles. (R. Arch., 1903, 1, p. 1-11.) 2 fig.

— Communication sur un buste de femme voilée, trouvée à Smyrne. (S. Ac. I., 1902, p. 476.)

— Rapport (au nom) de la Commission des Écoles françaises d'Athènes et de Rome sur les travaux de ces deux Ecoles pendant les années 1900-1901. (Ibid., p. 509-526.)

— De l'origine du type des pleureuses dans l'art grec. (Mém. lu au Congrès international des sc. histor. de Rome, séance du 3 avril 1903.) (R. E. G., 1903, nr. 71, p. 299-322.) 17 fig.

— Rapport sur les Écoles françaises d'Athènes et de Rome. (1901-1902). (S. Ac. I., 1903, p. 440-456.)

Congrès international archéologique d'Athènes. (Chronique.) (Woch. f. kl. Philol., 1903, nr. 12, p. 334 ss.)

CONZE. A., Die Arbeiten zu Pergamon, 1900-1901; Vorbericht. (M. A. I., 1902, 1-2, p. 1-6.)

— (Signé C.), Skulpturen aus Tralles. (Jahrb. d. deutschen arch. Instit., 1903, 3 ; Anz., p. 103-104.) 1 Abb.

— Die Kleinfunde aus Pergamon. (Abh. d. S. Pr. Ak.) Berlin, Reimer, 1903, 26 p. 5 farb. Taf.   3 M. 50 Pf.

COOK, A. B., The Gong at Dodona (J. H. S., 1902, 1, p. 615-622.)

COOK, E. T., Popular handbook to Greek and Roman antiquities in the British Museum. London, 816 p.   10 sh.

COOLEY, A. St., Ancient Corinth uncovered. (Record of the Past, 1902, 2, p. 76-88.) With 9 fig.

COSTANZI, V., Τεμάχη ἀρχαιολογικά. (Riv. di filol., 1902, 2, p. 272-273.)

Cretan expedition. XXI : *A. Taramelli*, Gortyna. (Amer. J. of arch., 1902, 2, p. 101-165.) 32 fig.

DAWKINS, W. B., Skulls from Cave-Burials at Zakro. (Ann. of the British School at Athens, nr. 7.)

DEGRAND, Le trésor d'Izgherli [Bulgarie]. (S. Ac. I., 1903, p. 390-396.) 3 dessins.

DELL, J., Das Lysikrates-Denkmal in Athen. Ein architekturgeschichtliches Problem. (Allg. Bauzeitung, 1902, 1, p. 31-38.) 2 Taf., 6 Abb.

DONNER von RICHTER, O., Ueber die sogenannte « Muse von Cortona » und ein Brustbild der Cleopatra. (Jahrbuch d. Freien Deutschen Hochstifts Frankfurt a. M., 1, Abt. 2, p. 161-181.) 1 Taf.

DOERPFELD, W., Die Arbeiten zu Pergamon, 1900-1901. Die Bauwerke. (M. A. I., 1902, 1-2, p. 10-43.) 6 Taf., 9 Abbildg. — Fortsetzung der Grabgn. (Ibid. p. 159-160).

— Troja und Ilion. Ergebnisse der Ausgrabungen in den vorhistor. und histor. Schichten von Ilion 1870-1894. Unter Mitwirkung von *A. Brückner, H. von Fritze, A. Götze, H. Schmidt, W. Wilberg, H. Winnefeld*. Athen, Beck und Barth, in-4°, xviii, 652 p.; 471 Abbildgn; 68. Beilagen; 8 Taf.   40 M.

DRAGENDORFF, H., Thessalische Gräber. (Dans *Hiller von Gaertringen*, Thera, Bd. II, 1903.)

DRERUP, E., Das griechische Theater in Syrakus. (M. A. I., 1901, 1, p. 9-32.)

— Die historische Kunst der Griechen. (Festchrift f. W. von Christ., II. Tl.

DURRBACH, F., La dernière campagne de fouilles à Délos. (R. d. ét. anc., 1902, 4, p. 303-305.)

— Rapport sommaire sur les fouilles de Délos (15 juin-18 août) adressé à M. Homolle, etc. (S. Ac. I., 1903, p. 422-429.)

Einweihung des Museums auf Santorin (Thera). Ausgrabungen zu Thermon, Velestino und Tinos (Wochenschr. f. kl. Philol., 1902, nr. 36, p. 890.)

ʹΕλλάς, Eine Sammlung von Ansichten aus Athen und den griechischen Ländern, Landschaften, Bauwerken, Skulpturen u. s. w. Nach Photographien der English Photographic Co. u. a. Reproduktionen von *A. Bruckmann* in München. Athen, Barth.   1 M. 60 Pf.

ENGELMANN, R., Jahresbericht über Archäologie. (Jahresb. v. philol. Vereins zu Berlin, 1902, p. 241-258, in Z. f. d. Gymnasialw., 1902, 10.)

Voir le détail, Biblioth. philol. classica, 1902, p. 291.

— Aktor und Astyoche, ein Vasenbild. (Jahrb. d. deutschen arch. Instit., 1902, 3, p. 68-71 ; 1 Taf.) 1 abb.

EVANS, A. J., The palace of Knossos, provisional report of the excavations for the year 1901. (Ann. Brit. Sch. at Ath., nr. 7.) — Voir aussi Athenæum, nr. 3900, p. 132 et ss.

— Erwebungen des Ashmolean Museum zu Oxford. (Jahrb. d. deutschen arch. Instit., 1902, 3. Beiblatt, p. 127-129.)

FAIRBANKS, A., On the « Mourning Athena » relief. (Amer. J. of arch., 1902, 4, p. 410-416.) 2 fig.

FALKE. — Voir Section X.

FISCHER, E., Archäologische Erinnerungen an eine Studienreise nach Griechenland. II. Progr. Breslau, 1903, 15 p., 4 Taf.

FONTRIER, A., Antiquités d'Ionie. VI. Le site du temple d'Aphrodite Stratonicide à Smyrne. — Appendice : Inscriptions de Smyrne et des environs. (R. d. ét. anc. 1902, 3, p. 191-195.)

Fouilles de Delphes exécutées aux frais du gouvernement français sous la direction de *Th. Homolle.* T. II : Topographie et architecture, fasc. 1. Paris, Fontemoing, in-fol. Pl. V-XVI.   32 fr. 50 c.

FRIES, C., Der Löwe von Chäronea. (N. J. Alt., 1903, 1 ; 1. Abt., p. 77.)

FRŒHNER, W., Collection Auguste Dutuit. Bronzes antiques, or et argent, ivoires, verres et sculptures en pierres et inscriptions. Paris, 1897-1901. T. I. 112 p. ; pl. I-CXXIV. — 2ᵉ série, p. 113-209; pl. CXXV-CLXXXVII. 1 plan.

FURTWAENGLER, A., Aphrodite Diadumene und Anadyomene. (Monatsb. über Kunstwissenschaft und Kunsthandel, in München, Jg. 1, H. 4, 1900-1901. — T. ä p. 5 p. ; 4 Taf.; 3 Textabb.

— Vom Zeus von Phidias. (Mélanges Perrot, p. 109-120.)

— Der Herakles des Lysipp in Konstantinopel. (S. M. Ak., 1902, 4, p. 435-442.)

— Griechische Giebelstatuen aus Rom. (Ibid., p. 443-455.)

— Der Fundort der Venus von Milo. (Ibid., p. 456-461.)

— Apis — Hermes — Thot. (Jahrb. d. deutschen Arch. Instit., 1902, 4 ; Anz., p. 239-245.) 2 Taf.

FURTWAENGLER, A., und **K. REICHHOLD,** Griechische Vasenmalerei. Auswahl hervorragender Vasenbilder. 2. Lfg. München, Bruckmann, 10 Taf. in-fol. Text, p. 55-91.

FURTWAENGLER und **J. N. SVORONOS,** Προσωρινὴ ἔκθεσις περὶ τῶν ἐν Αἰγίνῃ ἀνασκαφῶν ('Αρ., 1901, 10, p. 55-91.)

GALLINA, J., Die wichtigsten Antiken von Venedig und Florenz. Eine Anleitung zum Besuche der betreffenden Kunstsammlungen. Progr. Mähr-Trübau, 19 p.

GARDNER, E. A., The bronze statue from Cerigotto. (J. H. S., 1903, 1, p. 152-156.) 2 plates.

GARDNER, P., Guide to the casts of sculpture and the Greek and Roman antiquities in the Ashmolean Museum. Oxford, 1901, 48 p.

— Aphrodite with the goat. (Mélanges Perrot, p. 121-124.) 1 pl.

— Two heads of Apollo. (J. H. S., 1903, 1, p. 117-131.) 6 fig.; 1 plate.

GASSIES, G., Vénus et Adonis sur un monument trouvé à Meaux. (R. d. ét. anc., 1903, 1, p. 79-80.)

GAYET, A., L'exploration des nécropoles gréco-byzantines d'Antinoé et les sarcophages de tombes pharaoniques de la villa antique. (Annales du Musée Guimet, 1902, 2, p. 26-50.) 1 pl.

GERLAND, E., Kreta. Ein Ueberblick über die neueren wissenschaftlichen Arbeiten auf der Insel. (N. J. Alt., 1902, 10; 1. Abt., p. 726-737.)

GERIN-RICHARD et DAGNOL. — Voir Section VI.

GEROJANNIS, C., Reste eines Dianatempels zu Limboni in Epirus. (Wissenschaftl. Mitteilgn aus Bosnien und Herzegowina. VIII. Bd.)

GEROLA, G., Lavori eseguiti nella necropoli di Phaestos dalle missione archeologica italiana del 10 febbr. al 22 marzo 1902. (Rendic. d. R. Accad. d. Lincei, cl. mor. 1902, 5-6, p. 318-333.) 1 tav.; 5 fig.

GHIRARDINI, G., Di una stele sepolcrale greca entrata recentemente nel Museo Vaticano. (A. M. R. P., N. S. vol. XVIII, disp. 4, p. 319-323.)

— Il palazzo dell' età micenea scoperto dagl' Italiani a Creta. (Ibid., p. 91-107.)

GRAILLOT, H., Médaillon au type de Cybèle. (Mélanges Perrot, p. 141-144.)

GRAEVEN, H., Mittelalterliche Nachbildungen des Lysippischen Herakles-Kolosses. (Jahrb. d. D. arch. Instit., 1902, 4; Anz., p. 252-277.) 1 Taf., 1 Abb.

Griechisches Relief in Rom gefunden. (Z. f. bild. Kunst, Kunstchronik, N. F., XIII, 31.)

HACHTMANN, K., Die Akropolis von Athen im Zeitalter des Perikles. (Gymnasial-Bibliothek, hrsg. von *H. Hoffmann*, 35. Heft.) Gütersloh, Bertelsmann, 1903, VIII, 104 p.

HADACZEK, K., Zur Erklärung eines Votivreliefs aus Rhodos. (W. St., 1902, 2, p. 442.)

— Der Ohrschmuck der Griechen und Etrusker. (Abhandlgn. des arch.-epigraph. Seminars der Universität Wien, 14. Heft. (N. F. 1. H.) Wien, Hölder, VII, 84 p., 157 Abb.   5 M. 20 Pf.

— Zu einer neuen Marsyasgruppe. (M. R. I., XXVII, 3, p. 173-178.) 1 Taf.; 1 Abb.

— Zur Schmuckkunst des altgriech. Mittelalters. (Jahrh. d. österr. arch. Instit., 1902, 2, p. 207-213.) 8 fig.

HALBHERR, F., Lavori eseguiti dalla Missione archeologica italiana ad Hagia Triada e nella necropoli di Phaestos del 15 maggio al 12 giugno 1902. (Rendic. d. R. Accad. d. Lincei, cl. mor., 1902, 9-10, p. 433-447.)

HARTWIG, P., Herakles im Sonnenbecher (M. R. I., 1902, 2, p. 107-109.) 1 Tafel.

— Bronzestatuette eines Hoplitodromen. (Jahrh. d. österr. arch. Instit., 1902, 2, p. 165-170.) 1 Taf.; 4 fig.

HAUSER, F., Die Aphrodite von Epidauros. (M. R. I., XXVII, 3, p. 232-254.) 4 Abb.

— Eine Vermutung über die Bronzestatue aus Ephesos. (Jahresh. d. österr. arch. Instit., 1902, 2, p. 214-216.)

HEBERDEY. R., Bericht über die Ausgrabungen in Ephesus in den Jahren 1900 und 1901. (Anz. d. W. Ak., philos.-histor. kl., 1902, 7, p. 38-49.) 6 Abbildgn.

— Vorläufiger Bericht über die Ausgr. in Ephesos (Jahresh. d. österr. arch. Instit., 1902, 2 ; Beibl., p. 53-66.) 7 fig.

HEITZ, J., Note sur un vase grec de l'Ermitage où sont figurées des opérations chirurgicales. (Nouv. iconogr. de la Salpétrière, 1901, 6, p. 528-530.)

HERKENRATH, Der Fries des Artemisions von Magnesia a. M. Diss. Berlin, 51 p.

HÉRON DE VILLEFOSSE, A., La restauration d'un des plus beaux édifices de l'acropole de Pergame justifiée par la découverte d'une médaille trouvée entre Grenoble et Aix par M. l'abbé *Sauvaire*. (L'Ami des monuments et des arts, XV, 86-87, p. 311-313.)

HÉRON DE VILLEFOSSE et ET. MICHON, Musée du Louvre. Département des antiquités gr. et rom. Acquisitions de l'année 1901. Paris, 19 p.

— Jahrb. d. deutsch. arch. Instit., 1902, 3 ; Beiblatt, p. 122-127.)

HERRMANN, P., Erwerbungsbericht der Dresdener Skulpturen-Sammlung, 1899-1901. (Jahrb. d. D. arch. Instit., 1902, 3 ; Beibl. p. 109-117.) 12 Abb.

HEUBACH, D., Das Kind in der griechischen Kunst. Diss. Heidelberg, 1903, 69 p., 1 Taf.

HEUZEY. — Voir Section XI.

HILLER von GAERTRINGEN, F., Thera. Untersuchungen, Vermessungen und Ausgrabungen in den Jahren 1895-1902. Bd. IV, Teil 1. Berlin, Reimer, 1903, 53 p., 3 Taf. 8 M.

— Bd. II. 1903. x, 328 p. 50 M.

— Aus Thera. (Beitr. z. alt. Gesch., II, 2, p. 348-349.)

HOGARTH, D. G., The Zakro Sealings. (J. H. S., 1902, 1, p. 76-93.) 33 fig.

— Excavations at Zakro, Crete. (Ann. of the Brit. School at Ath., nr. 7.)

— Bronze-age vases from Zacro. (J. H. S., XXII, 2, p. 332-338.) 1 pl. ; 1 fig.

HOMOLLE, Th. — Voir Fouilles de Delphes.

— Bronze grec de la première moitié du v° siècle. (Mélanges Perrot, p. 191-194.)

— Communication relative à deux stèles funéraires découvertes à Thèbes par M. Vollgraff. (S. Ac. I., 28 nov. 1902. p. 715-716.)

HOERNES, M., Die Macedonischen Tumuli. (Globus, 1902, 15, p. 243.)

HUDDILSTON, J. H., The life of women illustrated on Greek pottery. (Monatsbericht über Kunstwiss. und Kunsthandel, 1902, 4, p. 129-131.) 6 Taf.

HUELSEN, Ch., Die deutschen Ausgrabungen in Milet. (Das human. Gymnasium, 1903, 1-2, p. 24-26.)

JAMOT, P., Deux petits monuments relatifs au culte de Demeter en Béotie. (Mélanges Perrot, p. 195-202.) 2 fig.

JOSEPH, D., Geschichte der Baukunst vom Altertum bis zur Neuzeit. Berlin, Hessling, xxxv, 991 p.; 773 Abbildgn.

JOUBIN, A., De sarcophagis Clazomeniis. Thèse, Paris, Hachette, 1901, x, 123 p. ; figg.

— Statuette en marbre de l'époque hellénistique. (Mélanges Perrot, p. 203-206.)

JOUGUET, P., Rapport sur deux missions au Fayoûm. (S. Ac. I., mai-juin 1902, p. 346-359.)

KARO, G., Die neue Restauration der Françoisvase. (Berliner philol. Woch., 1902, nr. 52, p. 1629-1630.)

KEKULÉ von STRADONITZ, R., Ueber ein Bildnis des Perikles in den königl. Museen. Progr. Berlin, 1901, 23 p.; 3 Taf.; Abbildgn im Text.

KERN, O., Votivreliefs der Thessalischen Magneten. (H., 1902, 4, p. 627-630.) 2 Abb.

KIRCHBACH, W., Das Pergamon-Museum. (Westermanns Monatsh., 1902, Juni, p. 359-373.) 8 Abb.

KOLBE, W., Die Bauurkunde des Erechtheion vom Jahre 408-7. [CIA, I, 324.] (M. A. I., 1901, 2, p. 223-234).

LAGRANGE, le P., Deux hypogées Macédo-sidoniens à Beit-Djebrin (Palestine). (Inscriptions.) (S. Ac. I., 1902, p. 497-505.)

LAMBROS, Sp. P., Notes from Athens (Athenæum, nr. 3891, p. 665.)

LANG, N., Epidauros. (Vége.) (Egyet. philol. közl. 1902, 9, p. 777-790.)

Landhaus eines vorgeschichtlichen Herrschers von Phaestus. (Wochenschr. f. klass. Philol., 1902, nr. 26, p. 728.)

LAMPE. — Voir Section X.

LANG, N. — Voir Section X.

LAURENT, M., Sur un vase de style géométrique. (B. C. H. 1901, 1-6, p. 143-155.) 8 fig.

— Les origines lointaines de l'art grec. (R. de l'I. P. en Belgique, XLVI, 2, p. 87-100.)

LECHAT, H., Au Musée de l'Acropole d'Athènes. Études sur la sculpture en Attique avant la ruine de l'Acropole lors de l'invasion de Xerxès. Paris, Fontemoing, 1903, VIII, 468 p., 47 fig., 3 pl.   8 fr.

— Le front de l'Hermès d'Olympie. (Mélanges Perrot, p. 207-212.)

LEGGE, H. E., Short history of ancient Greek sculptors. London, 1903, 234 p.   6 sh.

LEHNER. — Voir Section V, Homère.

LEONARDOS, B., Ἡ Ὀλυμπία. Athènes, Sakellarios, 1901, 352 p. ; 1 plan. 5 dr.

LOHR, F., Die Darstellung des Todes in der griechischen Kunst. (Wiener Abendpost, 1903, nr. 21.)

LOEWY. — Voir Section XI.

— Die Siegerstatue des Eleers Pythokles. (W. St., 1902, 2, p. 398-405.) 5 Abbildgn.

MAASS, E., Aus der Farnesina. Hellenismus und Renaissance. Marburg, Elwert, 56 p.   1 M. 20 Pf.

MACKENSIE, D., The pottery of Knossos. (J. H. S., 1903, 1, p. 157-205.) 4 plates, 15 fig.

MAHLER, A., Une réplique de l'Aphrodite d'Arles au Musée du Louvre. (R. Arch., mai-juin 1902, 9-10, p. 301-303.) 1 pl.

— La Minerve de Poitiers. (Ibid. 1902, 9-10, p. 161-166.) 1 pl.

— Une hypothèse sur l'Aphrodite de Médicis. (Ibid. 1903, 1, p. 33-38.)

MAUCH, J. M. von, Die architektonischen Ordnungen der Griechen und Römer. Ergänzungsheft zu der 8ten Aufl. zusammengestellt von Prof. R. Borrmann. Berlin, W. Ernst, in-folio, 14 p. 10 neue Taf.   5 M.

MEURER, M., Zu den Sarkophagen von Klazomenai. (Jahrb. d. deutsch. arch. Instit., 1902, 3, p. 65-68.) 3 Abb.

MICHAELIS, Ad., Ausgrabungen griechischer Antiken in England. (Beil. z. Münchner allg. Zeitung, 1902, nr. 296.)

— Die Bestimmung der Räume des Erechtheion. Epikritische Bemerkungen zu E. Petersens Aufsatz. (Jahrb. d. deutsch. arch. Instit., 1902, 3, p. 81-85.)

— Von griechischer Malerei. (Deutsche Revue, 1903, mai.)

MICHON, Et., Statues antiques trouvées en France au Musée du Louvre. La cession des villes d'Arles, Nîmes et Vienne en 1822. (Mém. de la Soc. des antiq. de France, 1901, p. 79-173.) 2 pl., 5 fig.

— La réplique de la Vénus d'Arles du Musée du Louvre. (R. Arch., 1903, 1, p. 39-43.)

— Trois statues antiques provenant de Smyrne dans l'ancienne collection du Roi. (R. E. G., 1903, nr. 70, p. 198-207.)

MILANI, A. L., L'arte e la religione preellenica alla luce dei bronci dell'antro ideo cretese e dei monumenti hetei : seguito della parte I. (Religione ionica, mitogenia, poesia.) (Studi e materiali di archeol. e numismat., vol. II.)

— Il vaso François, del suo restauro e della sua recente pubblicazione. (At. e R., nr. 46, p. 705-720.) 9 fig.

— Dionysoplaton. Nota alla monografia di questo titolo del Sogliano. (Riv. di filol., 1903, 2, p. 220-222.)

MILCH, A., Le culte de Jupiter Dolichenus à Briget. (En hongrois). — (Ertesitöje, 1900, p. 28-35.) 6 fig.

MILCHHŒFER, A., Nachträgliche Betrachtungen über die drei Athenaheiligthümer auf der Akropolis von Athen. (Ph. XV, 3, p. 441-446.)

Monuments et mémoires, p. p. l'Acad. des inscr: et b.-l. sous la direction de G. *Perrot* et R. *de Lasteyrie*, avec le concours de P. *Jamot*, IX, 1 (nr. 18 de la collection.) (Fondation Eug. Piot.) Paris; E. Leroux, gr. in-4, 121 p.; figg.

MURRAY, A. S., A new stele from Athens. (J. H. S., 1902, 1, p. 1-4.) 1. pl., 2 fig.

— An Athenian alabastos. (Mélanges Perrot, p. 251-254.)

— The sculptures of the Parthenon. London, Murray, 186 p.   21 sh.

— A fragment of the Parthenon frieze. (J. of the R. Instit. of British Architects, ser. III, vol. X, nr. 2, p. 31-34.) 4 fig.

Musée du Louvre. Département des antiquités grecques et romaines. Acquisitions de l'année 1902. Paris, 19 p.

Musée d'art (le). Galerie des chefs-d'œuvre et précis de l'histoire de l'art depuis les origines jusqu'au xix⁰ siècle. Ouvrage publié sous la direction d'*Eug. Müntz*. Paris, Larousse, 1903, in-4, 267 p., 900 grav., 50 pl. hors texte.

NAVILLE, A propos du fronton oriental du temple de Zeus, à Olympie. Une hypothèse. (S. Ac. 1, 1903, 7-8, p. 350-356.)

NICHOLS, M. L., The origin of the red-figured technic in Attic vase. (Amer. J. of arch., 1902, 3, p. 327-337.)

ORSI, P., Necropoli arcaica con corredo di tipo siculo. (Spezzano Calabro.) (Atti d. R. Accad. di Lincei. Notizie dei scavi, p. 35-39.) 8 fig.

— Scoperte varie nella città antica Lokroi Epizephirioi, comune di Geraco (Ibid., p. 39-43.)

— Scoperta di terrecotte. (Ibid., p. 47-48.)

PASSOW, W., Studien zum Parthenon. (Philol. Untersuchgn hrsg. von Kiessling und U. von Wilamowitz-Moellendorff, 17. Heft.) Berlin, Weidmann, xiii, 65 p.; Abbildgn.

PERDRIZET, P., Stèle funéraire du v⁰ siècle au Musée de Candie. (R. d. ét. anc., 1903, p. 120-123.) 1 pl.

— De quelques monuments figurés du culte d'Athéna Erganè. (Mélanges Perrot, p. 259-268.) 5 fig.

— ΣΦΡΑΓΙΣ ΣΟΛΟΜΩΝΟΣ. (R. E. G., janvier-avril 1903, p. 42-61.) 8 fig.

PERNIER, L., Scavi della missione italiana a Phaestos, 1900-1901. Rapporto preliminare. (Monum. antichi, vol. XII, p. 1-142.) 8 tav.; 55 fig.

PERROT, G., Rapport sur une statue de Minerve découverte à Poitiers. (Bull. arch. du Comité des trav. histor. et scientif., 1902, 2, p. XLI-XLII.)

PETERSEN, E., Die Erechtheion-Periegese des Pausanias. (Jahrb. d. Deutschen arch. Institutes, 1902, 2, p. 59-64.)

PFUHL, E., Alexandrinische Grabreliefs. (M. A. I., XXVI, 3-4, p. 258-304.) 1 Taf.; 18 Abb.

PICOT, Em., Sur une statue de Vénus envoyée par Renzo da Ceri au roi François Iᵉʳ. (R. Arch., 1902, 9-10, p. 223-231.)

PIEHL, La stèle de Naucratis. (Sphinx, VI, 2.)

POTTIER, E., Études de céramique grecque à propos de deux publications récentes. (Suite et fin.) (Gaz. des Beaux-Arts, livr. 537, p. 221-238.) 8 fig.

— La danse des morts sur un canthare antique. (R. Arch., 1903, 1, p. 12-16.) 1 fig.

— Petit vase archaïque à tête de femme. (Mélanges Perrot, p. 269-276.) 1 pl.

— Tissu historique représentant la légende d'Alexandre. (Extr. du Bull. archéol.). Paris, Impr. nat., 1903, 7 p.; 1 pl.

— L'auteur du vase grec trouvé à Suse. Note complémentaire [de S. Ac. I., 1902, p. 428]. (S. Ac. I., 1903, 5-6, p. 216-219.) 1 fig.

PROTT und KOLBE. — Voir Section VI.

RADET, G. — Voir Section X.

RANSON, C., Reste griechischer Möbel in Berlin. (Jahresh., d. D. arch. Instit., 1902, 4, p. 125-140.) 1 Taf.; 12 Abb.

RAUSCH, E., Kirche und Kirchen im Lichte griechischer Forschung. Leipzig, Deichert, VIII, 127 p. 2 M. 80 Pf.

REINACH, S., A propos d'un stamnos béotien du Musée de Madrid. (R. Arch., mai-juin 1902, p. 372-386.) 8 fig.

— Le moulage des statues et le Sérapis de Bryaxis. (Ibid., juillet-août 1902, p. 5-21.)

— Communication sur des sculptures en marbre découvertes à Tralles. (S. Ac. I., 6 juin 1902, p. 284-287.)

— La statue équestre de Milo. (R. Arch., 1902, 9-10, p. 217-222.) (Cp. S. Ac. I., 13 août 1902, p. 455.)

— Communication sur un bas-relief du musée de Constantinople. (Euripide assis, etc.) (S. Ac. I., 20 juin 1902, p. 319-320.)

— La Crète avant l'histoire et les fouilles de M. A. Evans à Cnosse. (L'Anthropologie, 1902, 1, p. 1-39.) 31 fig.

— La Crète, etc. — Voir Section X.

— Recherches nouvelles sur la Vénus de Médicis. (Mélanges Perrot, p. 285-290.)

— De quelques antiques attribuables à l'école de Phidias. (Gaz. des b.-arts, livr. 546, p. 449-470.) 22 fig.

— Communication sur les fouilles de Tralles. (S. Ac. I., 20 février 1903, p. 78-79.)

REINACH, Th. — Voir Section V, Simonide.

RICHARD, A., Relation de la découverte de la Minerve de Poitiers le 20 janvier 1902. (Bull. de la Soc. des antiquaires de l'Ouest.) T. à p. Poitiers, Blais et Roy, 29 p.

RICHARDSON, R. B., An ancient fountain in the Agora at Corinth. (Amer. J. of arch., 1902, 3, p. 306-320.) 4 pl. ; 4 fig.

— The ΥΠΑΙΘΡΟΣ ΚΡΗΝΗ of Pirene. (Ibid., p. 321-326.) 2 pl.

RIDDER, A. de, Catalogue des vases peints de la Bibliothèque nationale. I. Paris, E. Leroux.

— Vases archaïques à reliefs. (Mélanges Perrot, p. 297-302.) 2 fig.

— Bulletin archéologique. (R. E. G., nov.-déc. 1902, p. 380-407.) figg.

RIZZO. — Voir Section XII, *Antiquités scéniques*.

ROBERT, C., Le poignard d'Achille, etc. — Voir Section V, Euripide.

RONZEVALLE. — Voir Section VI.

RUBENSOHN, O., Griechisch-römische Funde in Aegypten. (Jahrb. d. deutsch. arch. Institutes, 1902, 2. Anzeiger, p. 46-49.) 2 Abb.

— Paros. (M. A. I., 1901, 2, p. 157-222.) Abb. und Karten.

RUSTAFJAELL, R. de. — Voir Section X.

SABAT, M., Propyleje Atenskie, etc. (Eos, VII, 2, p. 195-207.)

SALOMAN, G., Erklärungen antiker Kunstwerke, 2. Tl. (Posthume). Stockholm; Leipzig, Hiersemann, 1903, 27 p. ; 3 Taf. 6 M.

— Die Bedeutung des Venus von Milo. (Monatsber. üb. Kunstwiss. und Kunsthandel, 1902, 8, p. 292-293.) 1 Taf.

SAUER, Br., Der Weber-Laborde'sche Kopf und die Giebelgruppe des Parthenon. Berlin, Reimer, 1903, in-4, 117 p. *3 Taf., 8 Textabb.*

SAVIGNONI, L., e **G. de SANCTIS.** Esplorazione archeologica delle provincie occidentali di Creta. (Monumenti antichi pubbl. per cura d. r. Accad. d. Lincei, 1902, 2, p. 286-582.) 7 tavole e 164 fig.

SCHAPIRE, R., Der Apollo von Belvedere und seine Nachbildung im XIX. Jahrh. (Monatsb. üb. Kunstw. und Kunsth., 1902, 9, p. 323-326.) 3 Taf.

SCHMIDT, H., Heinrich Schliemann's Sammlung trojanischer Altertümer, hrsg. v. d. General-Verwaltung d. kgl. Mus. zu Berlin. Berlin, Reimer, 355 p., 9 Taf., 1176 Textabbildgn.   20 M.

SCHULTZ, R. W., Die Wiederherstellung des Erechtheums. (Athenæum, nr. 3896, p. 825-826.)

SEARO Jr., J. M., The Lechaeum road and the Propylaea at Corinth. (Amer. J. of arch., 1902, 4, p. 439-454.) 2 pl. ; 5 fig.

SILENIJ, T., Ueber attische Vasen. (Ceské Museum filologické, 1902, 1-2, p. 27-47.)

SIX, J., De Anadyomene van Apelles. (Festbündel Prof. Boot, p. 153-158.)

SMITH, C., A protoattic vase. (J. H. S., 1902, 1, p. 29-45.) 3 pl.

SOTIRIADÈS, G., Die Ausgrabungen in Thermos. (Der Tag, 8. 11. 1903.) 4 Abb.

STIEDA, L. — Voir Section IV.

STRZYGOWSKI, J. von, Hellas in des Orients-Umarmung. (Beil. z. Münchner allg. Ztg, 1902, nr. 40-41.)

— Christus in hellenistischer und orientalistischer Auffassung. (Ibid., 1903, nr. 14.)

— Die Ruine von Philippi. (Byz. Z., XI, 3-4, p. 473-490.) 3 Taf.

— Hellenistische und koptische Kunst in Alexandria. Nach Funden aus Aegypten und Elfenbeinreliefs der Domkanzel zu Aachen vorgeführt. (Bull. de la Soc. archéol. d'Alex.) Wien; Leipzig, Fock, XI, 99 p.; 69 Abb., 3 Taf.   4 M.

— Antiochenische Kunst. (Die Pfeile von Acre.) (Oriens Christianus, II, 2.)

STUDNICZKA, Fr., Ueber das Schauspielerrelief aus dem Piraeus. (Mélanges Perrot, p. 307-316.) 3 Abb.

— Der farnesische Stier und die Dirkegruppe des Apollonios und Tauriskos. Ein Brief an Georg Treu in Dresden zu seinem 60. Geburtstag am 29. III. 1903. (Z. f. bild. Kunst, XIV, 7.)

SVORONOS, J. N., Τὰ Πραξιτέλεια ἀνάγλυφα τῶν Μουσῶν. Ἀρχαῖον μουσικὸν βῆμα. (J. intern. d'arch. num., 1902, 3-4, p. 169-188; p. 285-317.) 6 vign., 14 pl., 16 fig.

TARAMELLI, A., Sui principali risultati della esplorazione archeologica italiana in Creta, 1899-1901. (A. e R., 42, p. 608-621. con 5 fig. — nr. 45, p. 679-694, con 7 fig.)

— Cretan expedition. XXI. Gortyna. (Atti d. r. Istituto Veneto, 1902, 2, p. 101-165.) 32 fig.

TARBELL, F. B., A Greek handmirror in the Art Institute of Chicago. (Decennial publications from the Univ. of Chicago, vol. VII, 2 p.) 1 pl.

THIERSCH, H., Die Arbeiten zu Pergamon 1900-1901 : Die Einzelfunde. (M. A. I., 1902, 1-2, p. 152-159.) Abbildgn.

TRENDELENBURG, A., « Mit Gott ». Am Zeustempel in Olympia. (Aus der Humboldt Ak., dem Generalsekretär Herrn D' Max Hirsch zu seinem 70. Geburtstage gewidmet von der Dozentenschaft.) Berlin, Weidmann, XII, 284 p.

TREU, G., Zur Maenade des Skopas. (Mélanges Perrot, p. 317-324.) 6 fig., 1 pl.

TUCKER, Fr. J., Various statues from Corinth. (Amer. J. of arch., 1902, 4, p. 422-438.) 2 pl. 4 fig.

UBELL, H., Vier Kapitel vom Thanatos. Ueber die Darstellung des Todes in der griechischen Kunst. Ein archäol. Versuch. (Abhandlgn des arch.-epigr.

Seminars der K. K. Franzens-Universität Graz. 1. Stück.) Wien, Stern. 66 p.
1 M. 50 Pf.

VOLLMŒLLER, K. G., Griechische Kammergräber mit Totenbetten. Diss. Bonn, 1901, 57 p.

— Ueber zwei euboische Kammergräber mit Todtenbetten. (M. A. I., XXVI, 3-4, p. 333-376.) 5 Taf.; 2 Abb.

WALTZING, J. P., Les fouilles de M. Hubert Demoulin à Ténos (1902). Découverte du temple de Poseidon et d'Amphitrite. (Le Musée belge, VI, 4, p. 453-455.) 2 fig.

WATZINGER, C., Die Ausgrabungen von Milet. (Die Umschau, 1902, 12, p. 223-226.) 5 Abbild. — (13, p. 243-246.) 5 Abbild.

— Die Ausgrabungen am Westabhange der Akropolis. V. Einzelfunde. (M. A. I., XXVI, 3-4, p. 305-322.) 21 Abb.

— Die griechisch-römischen Altertümer im Museum zu Kairo. (Jahresh. f. d. D. arch. Instit., 1902, 2 ; Anz., p. 155-160.) 8 Abb.

WEIZSÆCKER, P., Zu zwei Berliner Vasen. (Jahrb. d. Deutschen arch. Instit., 1902, 2, p. 53-59.) 2 Abbild.

WIDE, S., Eine lokale Gattung boiotischer Gefässe. (M. A. I., 1901. 2, p. 143-156.) 1 Taf ; 4 Abbild.

— Voir Section XI.

WIEGAND, Th., Zweiter vorläufiger Bericht über die Ausgrabungen der Kgl. Museen zu Milet. (Jahresh. d. D. arch. Instit., 1902, 4 ; Anz., p. 147-155.) 11 Abb.

WILLIAMS. — Voir Section IX.

WINNEFELD, H., Pergamon. (Die Umschau, 1902, 3, p. 996.) 1 Abbild.

— Das Pergamon-Museum. (Z. f. bild. Kunst, 1902, 4, p. 95-106.) 5 Abbild.

WOLTERS, P., Finanznöthe und Kunstwerke in Knidos und anderwärts. (Rh. M., LVIII, 1, p. 154-156.)

ZAHN, R., Die Ausgrabungen auf Kreta. (Die Umschau, Jg. VII, nr. 3. -nr. 4.) 30 fig.

XIV. — Numismatique. — Métrologie. — Curonologie.

Numismatique.

BABELON, E., Collège de France. Cours de numismatique et de glyptique. Leçon d'ouverture. [3 janvier 1903.] (Extr. de la Revue internationale de l'Enseignement.)

BALDWIN, A., The gold coinage of Lampsacus. (J. inter. d'arch. num., 1902. 1-2, p. 1-24.) 3 pl.

Catalogue de monnaies grecques, romaines, françaises, jetons et médailles. Paris, Vve R. Serrure. 19. R. des Petits-Champs. 1903, 39 p.   1 fr. 50 c.

Catalogue des monnaies grecques. (Collection C. N. Lischine.) (Thrace.) Mâcon, Protat, VIII, 169 p. ; 24 pl. en phototypie.

DATTARI, G., Appunti di numismatica alessandrina. XIV : Cronologia della famiglia di Caro. XV : Domizio Domiziano. (Riv. intern. di num., 1902, 3, p. 292-317.) 1 tav.

— XVI : Saggio storico sulla monetazione dell' Egitto dalla caduta dei Lagidi all' introduzione delle monete con legenda latina. (Ibid., 1903, 3, p. 263-331 ; 4, p. 407-408.) 1 tav., 10 fig.

DIELS, H., Bericht über « griechische Münzwerke. » (S. Pr. Ak., 1903, 6, p. 97-98.)

DRESSEL, Griechische Münzen aus den neuesten Erwerbungen des Kgl. Cabinets. (S. Pr. Ak., 1903, 23, p. 477.) (Vorläufiger Bericht.)

DUTILH, E. D. J., Vestiges de faux monnayages antiques à Alexandrie ou ses environs. (J. intern. d'arch. num., 1902, 1-2, p. 93-97.)

FLORANCE, Numismatique grecque. Tableaux synoptiques des ethniques des villes et peuples grecs. Paris, Vve R. Serrure, 1903, 186 p.

— — Séries impériales grecques et coloniales. Ibid., 197 p.

FOVILLE, J. de, Monnaies trouvées en Crète. (Don Arnaud-Jeanti.) (R. Num., 1902, 4, p. 452-461.) 7 fig.

FRITZE, H. von, Die Münzen von Ilion. (Extrait de « Troja und Ilion », vii. Abschn. in-4°, 1901, p. 477-534.) 5 Taf.

GAEBLER, H., Zur Münzkunde Makedoniens. III : Makedonien im Aufstand unter Andriskos. — Makedonien als römische Provinz. (Z. f. Num., XXIII, 3-4, p. 141-189.)

HÉRON DE VILLEFOSSE, A. — Voir Section XIII.

HILL, G. F., Monnaies grecques du British Museum. (En anglais.) (Séance de the Hellenic Soc. du 7 mai 1902.)

— Coins of ancient Sicily. London, Constable.   21 sh.

HOWORTH, H. H., A note on some coins generally attributed to Mazaios, the Satrap of Cilicia and Syria. (Num. Chron., 1902, 2, p. 81-87.)

IMHOOF-BLUMER, F., Kleinasiatische Münzen. II. Bd. (Sonderschriften des österr. archäol. Instit. in Wien, III. Bd.) Wien, Hölder, in-4°, p. 303-378 ; 11 Taf.
                                                                  36 M.

LANZA, C., Spiegazione storica delle monete di Agrigento. (Riv. intern. di num., 1902, 4, p. 439-481 ; 1903, 1, p. 37-76.)

MACDONALD, G., Early Seleucid portraits. (J. H. S., 1903, 1, p. 92-96.) 2 pl.

— The coinage of Tigranes I. (Num. Chronicle, 1902, 3, p. 193-201.)

MAURICE. J., Classification chronologique des émissions monétaires de l'atelier d'Alexandrie pendant la période constantinienne. (R. Num., 1902, 2, p. 203-233.) 1 pl.

Monnaies grecques et romaines (Collection Maddalena). Vente à Paris les 7, 8 et 9 mai 1903. Paris, 126 p., 9 pl.

MOWAT, R., Les médaillons grecs du trésor de Tarse et les monnaies de bronze de la communauté macédonienne. (R. Num., 1903, 1, p., 1-30.) 4 pl.

REGLING, K., Zur griechischen Münzkunde. I. (Z. f. Num., XXIII, 1-2, p. 107-116. — II. (Ibid., 3-4, p. 190-202.

REINACH, Th., On some pontic eras. (Corrections.) (Num. Chronicle, 1902, 2, p. 184.)

— L'histoire par les monnaies. Essais de numismatique ancienne. Paris, E. Leroux, iv, 276 p.; fig.

SELTMAN, E. J., Cronaca delle falsificazioni. The spurious gold coins of king Amyntas of Galatia. (Riv. intern. di num., 1903, 1, p. 79-102.)

SVORONOS, J. N., On the supposed gold δοχίμιον with hieroglyphs. (J. intern. d'arch. num., 1902, 1-2, p. 27-31.)

— Ptolemaïs-Lebedus, Éphèse, Aenos et Abdère sous les Ptolémées. (Ibid., p. 61-70.)

— Παρατηρήσεις ἐπὶ τοῦ ἀνωτέρω Ἄνδρου. Προϊόντα τοῦ ἐργαστηρίου τῶν κιβδηλοποιῶν τῆς κάτω Θηβαΐδος. (Ibid., p. 97-98.)

— Θησαυρὸς νομισμάτων ἐξ Ὠρεοῦ τῆς Εὐβοίας. (Ibid., 1902, 3-4, p. 318-328.) 1 pl.

TACCHELLA, A., Numismatique de Philippopolis. (R. Num., 1902, 2, p. 174-178.)

— Monnaies d'argent autonomes d'Apollonia de Thrace. (Ibid., 1903, 1, p. 40-42.)

UJFALVY, C. von, Anthropologische Betrachtungen über die Porträtmünzen der Diadochen und Epigonen. (Archiv. f. Anthropol., XXVII, 4, p. 613-622.) 16 Abbild.

WROTH, W., Greek coins acquired by the British Museum in 1901. (Num. Chronicle, 1902, 4, p. 313-344.) 3 pl.

Métrologie.

KEIL, B., Vom Delphischem Rechnungswesen. (H., 1902, 4, p. 511-529.)

LEHMANN, C. F., Zu den theräischen Gewichten. (H., 1902, 4, p. 630-631.)

Chronologie.

BOLLING, G. B., Beginning of the Greek day. (Amer. J. of philol., XXIII, 4, p. 428-435.)

OPPERT, J., L'année de Méton. (R. E. G., janvier-avril 1903, p. 5-17.)

XV. — Byzantina.

BEYLIÉ, L. de, L'habitation byzantine. Recherches sur l'architecture civile des Byzantins et son influence èn Europe. Grenoble, Falque et Perrin ; Paris, E. Leroux, 1902-1903, xv, 220 p.; pl. et grav. — Supplément : Les anciennes maisons de Constantinople, x, 29 p.

BLOCH, J., Byzantinische Medizin. Uebersicht über die ärtzlichen Standesverhältnisse in der west-und öströmischen Kaiserzeit. (Handb. d. Gesch. d. Medizin, 3. und 4. Liefg, p. 492-588.)

CONSTANTOPOULOS, K. M., Βυζαντιακὰ μολυβδόβουλλα. (J. intern. d'arch. num., 1902, 1-2, p. 149-164.)

— Βυζ. μολ. ἐν τῷ ἐθνικῷ νομισματικῷ μουσείῳ Ἀθηνῶν. (Ibid., 1902, 3-4, p. 189-228.)

DIETERICH, K.. Geschichte der byzantinischen und neugriechischen Literatur. (Literaturen des Ostens in Einzeldarstellungen, 4. Bd.) Leipzig, Amelung, x, 242 p. 7 M. 50 Pf.

DRAESEKE, J., Zur Byzantinischen Kirchengeschichte. Ein Rückblick auf die ersten Jahrgänge der « Byz. Z. » (Z. f. wissenschaftl. Theol., N. F., X, 3, p. 361-380.)

GAYET. — Voir Section XIII.

HESSELING, D. C., Byzantium. (Geestelijke Vooronders door *A. Pierson*.) Haarlem, Tjeank Willink en Zoon, viii, 404 p.

Lascaris Kananos' Reseanteckningarfrån de nordiska läderna. (Smärne Byzantinisca skrifter utgifna och Kommterade of *V. Lundström*, I. Upsala, Lundequist), Leipzig, Harrassowitz, 1903.

LUNDSTROEM, V., Ramenta Byzantina. II-III. (Eranos, IV, p. 134-147.)

MAASS, P., Der byzantinische Zwölfsilber. (Byz. Z., XII, 1-2, p. 278-323.)

NICOLAIDES. — Voir Section X.

OBERHUMMER, E., Konstantinopel unter Sultan Suleiman dem Grossen aufgenommen im Jahre 1559 durch Melchior Lorichs aus Flensburg nach der Handzeichnung des Künstlers in der Universitäts-Bibliothek zu Leiden, mit anderen alten Plänen hrsg. und erläutert. München, Oldenburg, 24 p., 22 Taf. in Lichtdr. und 17 Textbildern; in-fol. 30 M.

REBER, Fr., von, die byzantinische Frage in der Architekturgeschichte. (S. M. Ak., 1902, 4, p. 463-503.)

SCHLUMBERGER, G., L'ivoire Barberini. (Mon. et mém. de la fondation Eug. Piot, VII, p. 79-94.)

— Le tombeau d'une impératrice byzantine à Valence, en Espagne. Paris, Plon, 1902, 41 p. Papier vélin.

STRZYGOWSKI, J., Das griechisch-kleinasiatische Ornament um 967 n. Chr. (W. St. 1902, 2, p. 443-447.) 2 Taf.

THUMB, A., Die mittel-und neugriechische Sprachforschung in den Jahren 1896-1902. (Indog. Forschgn., XIV; Anz., p. 62-81.)

TREU, M., Die Gesandtschaftreise des Rhetors Theodulos Magistros. (Jahrbb. f. class. Philol., 27. Suppl.-Bd. 1. H., p. 5-30.)

— Matthaeos Metropolites von Ephesos. Ueber sein Leben und seine Schriften. Progr. Postdam, 1901, 58 p.

WULFF, O., Die Koimesis-Kirche in Nicäa und ihre Mosaiken nebst den verwandten kirchlichen Baudenkmälern. (Zur Kunstgeschichte des Auslandes, Heft 13.) Strassburg, Heitz, 1903, vii, 329 p.; 6 Taf.; 43 Abb.

XVI. — NEOHELLENICA.

BÉRARD, V., γέρρα νάξια. (Mélanges Perrot, p. 5-7.)

DESZOE, V., Az Ἀλφάβητος τῆς ἀγάπης. cz görög dalgyüj teményrol. (Egyet. philol. közl., 1903, 3, p. 213-225.)

ELSNER P., Bilder aus Neu-Hellas. Aarau, Sauerländer, 390 p.

GRAESER, G., Τοῦ Σχίλλερ ᾠδὴ ἡ περὶ τοῦ κώδωνος ἑλληνισθεῖσα. Progr. Mediasch., 1903, 10 p.

HADZIDAKIS, G. N., Γλωσσολογικαὶ μελέται. T. I. Athènes, Sakellarios, 1901, 634 p.   15 dr.

— La question de la langue en Grèce. (R. E. G., 1903, nr. 70, p. 210-245.) Mémoire suivi de celui de *Krumbacher*. (Voir ce nom.)

KRUMBACHER K., Das Problem der neugriechischen Schriftsprache. (Festrede gehalten in der öffentl. Sitzung der K. Bayr. Ak. d. Wiss. zu München am 15. Nov. 1902.) München, Verlag d. Ak., 1903, in-4, 226 p.   5 M.

— Le problème de la langue littéraire néo-grecque. (R. E. G., 1903, nr. 70, p. 246-275.)

LAIR, J., La captivité de Pouqueville en Morée. (S. Ac. I., 1902, p. 648-664.)

NICOLAIDES. — Voir SECTION X.

PALLIS. — Voir SECTION V, BIBLE.

POEHLMANN, R., Griechische Geschichte im 19. Jahrhundert. Festrede. München, G. Franz, in-4, 37 p.   60 Pf.

(Extr. des Beil. z. Münchner allg. Zeitung, 24-26 März 1902.)

POLITIS (Παροιμίαι.) — Voir SECTION VIII.

POLLAK, L., Ein Brief aus Athen vom Jahre 1810. (Jahreshefte d. österr. arch. Instit., 1902, 2; Beiblatt, p. 167-170.)

QUINN, D., The language question in Greece and some reflections suggested by it. (Bureau of education of United States, Report of the commissionner of education for 1899-1900, p. 1297-1319.)

THUMB. — Voir SECTION VIII.

COMPTES RENDUS BIBLIOGRAPHIQUES

67. *ACADÉMIE DE BAVIÈRE. Plan eines Corpus der griechischen Urkunden des Mittelalters und der neueren Zeit,* bestimmt zur Vorlage bei der zweiten allgemeinen Sitzung der Association Internationale des Académies, London, 1904 (Munich, 1904, in-4°, 124 pp.).

Il s'agit ici d'une entreprise internationale, proposée par l'Académie de Bavière à l'Association internationale des Académies. Une préface chaleureuse de MM. Jirecek et Krumbacher montre qu'un recueil de diplômes et contrats byzantins — plus complet et plus exact que celui de Miklosich et Müller — est une œuvre non seulement nécessaire, mais d'exécution relativement facile. On les classerait par pays et l'on considérerait comme faisant partie du Corpus le « Cartulaire de l'Athos » dont on a commencé la publication à Saint-Pétersbourg. L'ensemble formerait (Athos non compris) dix-huit volumes grand in-8° de cinq à six cents pages chacun.

Les contrats sur papyrus d'époque byzantine seront, paraît-il, réunis par M. Wilcken, qui se bornera à publier in extenso un certain nombre de contrats bien conservés, avec descriptions sommaires des autres contrats connus présentant la même formule. Cette préface est suivie d'un *Register über das Byzantinische und Neugriechische Urkundenmaterial*, précieux répertoire dressé, un peu rapidement peut-être, par M. Paul Marc et dans lequel MM. Jirecek, Krumbacher et Lambros ont déversé des corbeilles de fiches. Malgré son caractère provisoire, cette liste de documents rendra de grands services : c'est un cadre que les spécialistes rempliront au fur et à mesure de leurs dépouillements. Cf. *Byz. Z.* XIII, pp. 688-698, pour plus de détails sur la publication projetée et un supplément d'inventaire.

A. AUSWAHL.

68. *A GRADUATE OF CAMBRIDGE*. *Notes and emendations to Æschylus, Sophocles and Euripides*. London, Nutt, 1903, in-8°, xxiv-218 p.

L'auteur anonyme abuse des athétèses et des conjectures invraisemblables; il est peu au courant de la « littérature » et découvre souvent l'Amérique; enfin ses connaissances linguistiques et métriques sont insuffisantes. Le volume est soigneusement et même somptueusement imprimé.

H. G.

69. *A. CHAVANON. Étude sur les sources principales des Mémorables de Xenophon*. Paris, E. Bouillon, 1903. (140ᵉ fasc. de la Bibl. de l'École des Hautes-Études). In-8°, 102 p.

Le titre choisi par M. C. laisse un peu à désirer comme clarté : il ne s'agit pas, en effet, des « sources » des Mémorables (c'est-à-dire des sources d'information de Xénophon sur Socrate) mais des « sources » ou plutôt des matériaux dont dispose l'éditeur pour la constitution du texte de cet ouvrage. Ces sources sont de deux sortes : 1° Deux mss. des Mémorables : le Paris. 1302 (A) incomplet et le Paris. 1740 (B), tous deux relativement récents, de la fin du xiiiᵉ au xvᵉ s., dit M. C. ; 2° les Extraits de Stobée, qui contiennent de nombreux passages des Mémorables, plusieurs très longs, surtout au livre I du Florilège. Dans une Introduction de 27 pages, copieuse et précise, M. C. suit le graduel établissement du texte, d'édition en édition, depuis la Juntina de 1516 jusqu'aux *Xenophontische Studien* de Schenkl, 1869-1876; il rend hommage au mérite de ce savant, dont les travaux ont été mis à profit par les derniers éditeurs, Gilbert et Mücke. Mais les collations de A et de B données par Schenkl ne sont pas définitives : M. C. nous en apporte de nouvelles. Son travail comprend deux parties. La première est purement paléographique. Après

avoir fait la critique des collations de A et de B (erreurs de Schenkl dans l'âge des retouches et la distinction des mains pour B; lectures fautives et mauvaises corrections pour A), M. C. discute les nouvelles leçons, peu nombreuses mais très admissibles, tirées par lui des deux *Parisini*; il conclut à la partialité de Schenkl en faveur de B, au détriment de A. En appendice, il nous donne ses collations de A et de B, « rectifications aux lectures de Schenkl. » Pour la deuxième partie, les *Mémorables* dans les Extraits de Stobée, M. C. était dispensé de recourir aux mss. grâce aux excellents travaux et éditions de Wachsmuth pour les *Eclogae* et de Hense pour le l. I du Florilège. L'ancienneté des mss. de Stobée n'est qu'un gain médiocre pour les *Mémorables* : les fautes, petites et grosses, n'y sont pas rares. M. C. tire cependant des Extraits une vingtaine de corrections ou de leçons, dont plusieurs s'imposent.

En somme, si le glanage des leçons nouvelles n'est pas très fructueux, il est loin aussi d'être négligeable. Le travail de M. C. se recommande par la minutie judicieuse des recherches et par une connaissance très sûre de la paléographie.

Paul COLLART.

70. *Guil. CROENERT. Memoria graeca Herculanensis*. Leipzig, Teubner, 1903, in-8°, x-318 p.

Malgré son titre, ce livre s'occupe de bien autre chose que de l'orthographe des rouleaux d'Herculanum, étudiés d'ailleurs par M. C. avec un soin minutieux. Parallèlement à ces rouleaux, les papyrus égyptiens, les inscriptions sont mis à contribution, et l'histoire de la grammaire grecque à l'époque ptolémaïque et romaine en tire double profit. Le premier chapitre s'occupe des voyelles, le second des consonnes, les deux suivants des questions grammati-

cales diverses. Viennent ensuite la dé-
clinaison (5), la conjugaison (6), les
formes verbales (7), des remarques sur
la formation des mots (8) et un index
général. L'ouvrage est devenu, dès son
apparition, un instrument de recherches indispensable.

H. G.

71. *Paul DECHARME. La critique des
traditions religieuses chez les Grecs*
des origines au temps de Plutarque.
Paris,. Alph. Picard, 1904. In-8°, xiv-
518 p.

Tous les historiens de la civilisation,
de la littérature, et spécialement de la
philosophie grecque ont plus ou moins
effleuré le sujet de cet ouvrage (voir en
dernier lieu Rhode, Mahaffy et Gomperz) : je ne crois pas qu'il eût encore
été traité à fond. Le titre du livre n'en
exprime pas toute l'étendue, car M. D.
ne s'est pas seulement occupé de la
« critique » des traditions religieuses —
c'est-à-dire des différentes méthodes
employées, dès le vɪᵉ siècle, pour interpréter les récits mythologiques des
poètes dans un sens rationnel ou des
différents arguments produits pour les
écarter tout à fait — mais encore de la
« critique » des rites et des croyances
mêmes, en un mot il écrit l'histoire de
l'incrédulité.

Le premier livre nous mène jusqu'à
l'épanouissement de la philosophie so-
cratique. M. Decharme n'a pas voulu
tracer les origines du scepticisme jusqu'à certains passages des poèmes
homériques ; il croit reconnaître par-
tout dans ces poèmes une « foi entière »
dans la réalité des mythes (cela est
bien contestable). Il commence donc
par la *Théogonie* hésiodique où il
signale des influences phéniciennes (?)
et continue par celles de Phérécyde,
des Orphiques, d'Acusilaos, d'Epimé-
nide. Viennent ensuite les premiers philosophes ioniens, parmi lesquels Xénophane, Parménide, Héraclite attaquent
de front les superstitions, sinon le

fond des croyances populaires. Hérodote, écrivant pour les Athéniens, ob-
serve une réserve prudente et nouvelle au sujet des choses divines, mais
se montre d'autant plus téméraire dans
ses hypothèses sur l'origine des cultes
grecs, où il fait la part si large aux
influences pélasgiques et égyptiennes.
Thucydide est si discret que sa véritable
pensée n'apparaît pas. Parmi les poètes
du vᵉ siècle, où Bacchylide est oublié,
Pindare et Eschyle, profondément religieux, sont en même temps des nova-
teurs hardis qui corrigent ou écartent
les fables immorales ou choquantes.
Démocrite, tout en substituant aux
dieux populaires ses εἴδωλα périssables,
explique l'origine des mythes par les
spectacles extraordinaires de la nature
qui frappent l'imagination de l'homme
primitif. Les sophistes vont plus loin :
ils font de la religion une création de
la volonté humaine, une convention
sociale ; Euripide, dont M. D. a étudié
ailleurs plus au long la doctrine, aboutit à peu près aux mêmes conclusions,
mais assez discrètement formulées.
Plus hardis ou plus sincères, Diagoras,
Cinésias, Hippon sont des fanfarons
d'incrédulité et portent même la main
sur les mystères. Contre ces témérités
qui menacent les fondements de l'État,
le démos athénien brandit l'arme des
procès d'impiété (ἀσέβεια). Alcibiade,
pour avoir, disait-on, parodié les Mystères, est maudit par contumace ; Diopeithès fait voter son décret contre les
athées, dont M. Decharme nous a entre-
tenus dans les *Mélanges Perrot ;* Anaxa-
gore ne se soustrait à la mort que par la
fuite.; Socrate est condamné à boire la
ciguë ; Protagoras, plus tard Stilpon et
Théodore, sont bannis. On ne se borne
pas à protéger la religion nationale
contre le doute, on la protège aussi
contre la concurrence. La prêtresse
Ninos fut mise à mort parce qu'elle
avait, sans autorisation, initié à des
dieux étrangers ; Phryné n'échappa à
la même peine que par la chute oppor-.
tune de son peignoir. Pourtant si la

loi était sévère, la pratique était indulgente, et à l'époque hellénistique, l'athéisme, de plus en plus répandu parmi les esprits cultivés, finit par être toléré.

Le second· livre s'occupe des idées des philosophes sur la religion à partir de Socrate. La plupart combattent moins les croyances populaires qu'ils ne les écartent implicitement pour y substituer une conception plus haute et plus pure de la divinité. Les stoïciens, que M. D. étudie fort longuement, font exception avec leur système d'exégèse qui, sous les vieux mythes, cherche à découvrir l'expression de leur propre pensée. Le troisième livre est consacré tout entier à l'évhémérisme et à Plutarque, dont nous craignons que M. D. ne s'exagère un peu l'importance et l'originalité. De Lucien il n'a pas voulu parler parce que ce railleur a plus de malice que de nouveauté et que d'ailleurs « cette étude s'arrête au seuil du christianisme ». On le regrettera, tant on a peine à se séparer de ce livre agréable et solide. Il remue pourtant trop d'idées et de faits pour qu'on puisse toujours être d'accord avec l'auteur. Je lui signalerai notamment comme ayant besoin d'une revision dans une prochaine réédition certains passages relatifs à la Bible. Il ne devrait pas être permis d'attribuer à l'Ancien Testament un récit « de la rébellion de Satan et de son armée » (p. 5), et d'ignorer que le document *P* de la Genèse est au plus tôt du v° siècle.

T. R.

72. *Ricardus DEDO. De antiquorum superstitione amatoria.* Diss. Greifswald. Abel, 1904, in-8°. 51 p.

D'abord un tableau d'ensemble des charmes et incantations d'amour chez les Grecs et les Romains, sujet déjà traité par O. Hirschfeld (1863) et U. Kern (1884) : médecine populaire, appareil magique, envoûtement (*defixio*), procédés sympathiques, enchantements, démonologie. Dans cet exposé l'auteur a fait des papyrus magiques un usage insuffisant. Dans la seconde partie il étudie le rôle des superstitions amoureuses dans la littérature, particulièrement chez les poètes romains du siècle d'Auguste ; il contredit vivement à ce sujet l'opinion de Bruns (*Preuss. Jahrbb.* 103) qui avait beaucoup trop réduit la part de l'imitation alexandrine ; M. D. va peut-être trop loin en sens contraire et ne laisse aux Latins aucune parcelle d'originalité. Il aurait pu, à cette occasion, tirer parti de la thèse latine de M. Pichon, dont il ignore l'existence. On regrettera aussi qu'il cite Shakespeare en allemand et Frazer en français. En somme, travail incomplet mais soigneux, utile contribution au *folklore* classique.

H. G.

73. *DIDYMI de Demosthene commenta,* etc. — Recognoverunt *H. Diels* et *W. Schubert* (vol. Ægyptiaca, ord. IV, grammaticorum pars I). Lipsiae, Teubner, 1904. (Bibl. Teubneriana., In-12°, VIII-56 p.)

M. Schmidt, dans son édition des fragments de Didyme, avait réuni 19 citations, toutes dues à Harpocration, d'un commentaire de ce philologue sur Démosthène. Une bonne fortune inespérée a fait acquérir au Musée de Berlin en 1901 un papyrus renfermant d'importants extraits du περὶ Δημοσθένους de Didyme, ouvrage dont l'identité avec le commentaire cité par Harpocration paraît bien probable, malgré l'opinion contraire de Leo (*Nachr. Gött.*, 1904, 254). Les extraits appartiennent aux livres 9-11 de ce grand ouvrage (qui, d'après la souscription, en avait 28) et se rapportent aux *Philippiques.* Ils ne représentent qu'une faible partie de l'original, mais semblent reproduire textuellement ce qu'ils en donnent. Didyme y apparaît sous un jour assez nouveau, écrivain abondant et soucieux de la forme, nullement enfermé dans les minuties grammaticales, mais se préoccupant surtout des questions de fond, de l'explication « réelle » comme on dit outre-Rhin. Son érudition est vaste ; aussi ces quelques pages nous apportent-elles un véritable trésor de citations, en grande partie inédites ; des poètes comiques, des historiens, des orateurs, Philochore, Androtion, Aristote, Théopompe, Callisthène, Hermippe, Anaximène, Dinarque, Démosthène, défilent sous nos yeux ; on trouve même un décret des Amphictions. Nous apprenons que la vi⁰ Philippique est extraite en réalité de l'histoire d'Anaximène de Lampsaque. Il faudrait un gros volume pour éclaircir tous les problèmes nouveaux que soulève cette brillante trouvaille. Je n'hésite pas à dire que, depuis la découverte de la *République athénienne*, rien d'aussi important n'est apparu dans le domaine de l'histoire grecque. MM. Diels et Schubart, sans prétendre épuiser le sujet, l'ont admirablement préparé, par une grande édition critique d'abord (Weidmann, 1904), puis par celle que nous annonçons ; le texte, malheureusement fort endommagé, a reçu des améliorations notables par la collaboration de toute une pléiade de savants (Wilamowitz, Usener, Blass, Bücheler, Arnim, etc.).

Au nouveau Didyme, les éditeurs ont rattaché un fragment de Berlin publié il y a plusieurs années par Blass (*Hermes*, XVII, 150) et qui appartient à un lexique du discours contre Aristocrate. On y trouve également des citations importantes d'historiens, faites probablement à travers Didyme.

T. R.

74. *Max EGGER. Denys d'Halicarnasse.* Essai sur la critique littéraire et la rhétorique chez les Grecs au siècle d'Auguste. Paris, Alph. Picard et fils, 1902, in-8, XIII-306 p.

Une courte Préface fixe les limites de l'étude et signale un certain nombre de travaux mis à profit par l'auteur. Mieux eût valu peut-être une vraie bibliographie : car, s'il est vrai, comme le dit M. E., que W. Rhys Roberts a donné dans son Introduction (*Dionysius of Halicarnassus, the three literary letters*, Cambridge, 1901) une bibliographie exacte, il est vrai aussi que l'éditeur anglais n'a pas tout cité (M. E. signale une omission, p. 184), que le sujet de M. E. est plus vaste et ses lectures plus nombreuses, enfin qu'une bibliographie soigneuse et méthodique a toujours son prix.

L'ouvrage comprend dix chapitres. Dans le premier, l'auteur a rassemblé diligemment ce que l'on sait et ce que l'on conjecture sur « Denys d'Halicarnasse, sa vie, son caractère ». Le chapitre II, très important, détermine le plan du livre : c'est une liste des ouvrages de Denys, historiques et littéraires, perdus et conservés, dans laquelle M. E., à l'aide d'indications tirées des textes mêmes, établit avec sagacité un ordre chronologique. Les cinq chapitres suivants sont une étude des œuvres de Denys, par ordre de date, ou plutôt ils en sont une analyse, mêlée sans doute de jugements judicieux et de renseignements intéressants, mais enfin une analyse, c'est-à-dire que pendant 200 pages (34 à 234) il nous faut suivre pas à pas un grammairien-critique dont les idées sont quelquefois délicates, pas toujours justes, moins encore originales. D'autre part, il n'a été question jusqu'ici, sauf au début du chapitre III (cinq pages, — 34 à 39 — sur « la critique avant Denys »), que de Denys d'Halicarnasse, et jamais des grammairiens et des critiques ses contemporains. Nous avons d'eux pourtant des fragments (Aristonicos d'Alexandrie), des ouvrages authentiques ou apocryphes (Pseudo-Démétrios), dans le texte grec ou abrégés en latin (Rutilius Lupus). La promesse du sous-titre n'est donc pas tenue. Le chapitre IX traite, sans trop d'indulgence, de « Denys artiste et écrivain dans ses œuvres littéraires. » Enfin, pour montrer l'influence de la rhétorique sur la conception de l'histoire que s'est faite le critique, M. E. étudie dans le chapitre x « Denys historien ». Il n'y dissimule pas la mine piteuse que fait l'auteur de l'Histoire primitive de Rome auprès de Thucydide qu'il dénigrait, d'Hérodote et de Xénophon qu'il proposait comme modèles. Une Conclusion très nette résume tout le travail dont il faut louer notamment les excellents spécimens de traduction.

Paul COLLART.

75. *EURIPIDE. Electre. Oreste.* 3es éditions par *Henri Weil.* Paris, Hachette, 1903-4, in-8°.

L'éloge des admirables éditions de M. Weil n'est plus à faire. Le texte de ces nouvelles réimpressions est plus conservateur que celui des précédentes, selon une tendance générale aujourd'hui en philologie, mais, en dehors des retours à la leçon des manuscrits, les nouveautés ne manquent pas ; nos lecteurs ont eu la primeur des plus importantes. Rappelons *Electre*, 877 γαίας <αὖ>, 978 θεῷ δ' οὖ ; *Oreste*, 84 νεκρὸς γὰρ οὔπω' σθ', 399 ἰλάσιμος, 415 μὴ ἀθάνατον. Aux v. 338 suiv. d'*Oreste* les leçons du papyrus Rainer auraient pu être plus explicitement mentionnées et l'éditeur aurait dû expliquer pourquoi il place le vers κατολοφύρομαι après 339 et non, comme le papyrus, après 338. Le « clichage » du texte a nui à l'uniformité du langage : c'est ainsi qu'on voit alterner les graphies *Clytémestre* et *Clytemnestre*, même dans le grec.

T. R.

76. *Paul FOUCART. Le culte de Dionysos en Attique.* Extrait des Mémoires de l'Acad. des Inscr. et Belles-lettres, t. XXXVII. Paris, Klincksieck, 1904. Grand in-8, 204 p.

Il faut distinguer dans le nouveau mémoire de M. Foucart deux parties d'ailleurs étroitement mêlées l'une à l'autre : la première, toute d'analyse et de description ; la seconde, de théorie et de conjecture.

Dans la première on retrouve l'auteur tout entier avec son rare talent d'épigraphiste, sa dialectique serrée, son exposition d'une distinction si élégante. Après une rapide esquisse du culte de Dionysos en Thrace, à Thèbes et en Crète, M. F. passe en revue toutes les fêtes attiques consacrées à ce dieu, Dionysies rustiques (κατ' ἀγρούς), Lénéennes, Anthestéries, Dionysies urbaines ; sur toutes il trouve du nouveau à dire, des erreurs communes à rectifier, des inscriptions négligées ou mal restituées à utiliser de la façon la plus ingénieuse. C'est ainsi qu'il déduit du mot πάτριος ἀγών employé à Éleusis (CIA., IV, p. 150) la haute antiquité du culte de Dionysos dans ce dème et qu'il explique les Θεοίνια comme une fête propre à certains γένη qui se rattachaient à Dionysos, par exemple les Ἰκαριεῖς. Les Lénéennes, qu'il distingue avec raison des Anthestéries, étaient la fête de la fabrication du vin ; le Λήναιον, d'où elles tiraient leur nom, n'était pas un temple, mais un antique pressoir, enfermé, comme une relique, dans un bâtiment (οἶκος) dépendant du *téménos* de Limnai. Il y avait tout près de là un théâtre particulier, qui ne fut abandonné qu'après la construction du théâtre en pierre, et M. F. a retrouvé une trace de ses échafaudages permanents dans un texte du ve siècle, CIA., IV, 1, p. 66 : ἐν τῶι Νηλείωι παρὰ τὰ ἴκρια. Quant aux Anthestéries, M. F. avoue ignorer l'étymologie de ce nom (nous croyons avec Verrall qu'il ne se rattache pas à ἄνθος) ; dans la fête du 2e jour, les Χόες, il voit la commémoration du premier mélange de l'eau avec le vin. M. F. n'a pas donné une description complète des Dionysies urbaines, la plus récente de la plus célèbre des fêtes dionysiaques ; les représentations dramatiques, qui en marquaient l'apogée, restent en dehors de son sujet ; il croit d'ailleurs, et probablement avec raison, qu'elles étaient à l'origine sans lien direct avec le culte de Dionysos : c'est un hors-d'œuvre introduit par Pisistrate pour rehausser l'éclat de la fête et qui a fini par rejaillir sur le caractère du dieu. En revanche il a insisté sur les cérémonies du jour d'ouverture, dont il a le premier bien défini la marche et la nature, développant des idées déjà esquissées par lui en 1877 dans son commentaire de la loi d'Évégoros. La procession (πομπή) consistait à faire sortir le dieu de son temple nouveau et habituel, près du théâtre, pour l'escorter en grande pompe à son vieux temple de l'Académie. Là des enfants libres chantaient un hymne autour de l'ἐσχάρα : c'est ce que la loi appelle laconiquement οἱ παῖδες. Puis, après un grand banquet célébré par tribus, on ramenait le dieu à son domicile ordinaire : ce n'était plus une procession, mais une mascarade exubérante, un κῶμος où concouraient plusieurs bandes joyeuses dont la plus folle recevait le prix. A cette occasion M. F. éclaircit et améliore le texte de diverses inscriptions, CIA., II, 971 ; 1306, etc.

Telle est la première partie ou si l'on veut le premier élément du travail de M. F. Dans le second il a voulu remonter à l'origine des différents rites qu'il avait si bien dégagés et décrits. Le dieu célébré aux grandes Dionysies est le D. béotien, venu d'Éleuthères, mais considérablement assagi, si on le compare à son prototype orgiastique de Thèbes ou de Thrace. Quant au Dionysos des autres fêtes, M. F. refuse de voir aucun rapport que le nom entre lui et le Dionysos thraco-béotien. Il viendrait d'Égypte, en passant par la Crète, et sa première station en Attique, avant même Icaria, aurait été Éleusis. Cet événement se serait passé, comme le veut la tradition, au temps de Pandion ou d'Amphiction, avant le synoecisme de Thésée qu'il date exactement de 1256-1225 ; la preuve en serait que la corporation dionysiaque de Marathon a pour chef un ἄρχων (CIA II, 601), désignation qui n'aurait pas pu être introduite après le synoecisme. Le Dionysos *ancien* de l'Attique n'est donc autre qu'Osiris, comme Déméter est Isis, et c'est pourquoi les deux divinités étaient associées dans les petits mystères d'Éleusis, sinon dans les grands. Seulement, tandis qu'en Égypte, où l'usage du vin ne s'est guère répandu, Osiris est resté le dieu de la végétation en général et de la vigne, en Attique, pays de buveurs, il est devenu de plus en plus celui du vin. Dans le rituel de toutes les fêtes dionysiaques, M. F. retrouve des cérémonies égyptiennes à peine démarquées. Ainsi la phallagogie des Dionysies rustiques est un souvenir de l'Osiris itbyphallique promené dans une fête égyptienne ; Priape lui-même n'est qu'une autre traduction d'Osiris, le bouc offert à M. D. rappelle le bouc sacré de Mendès. Les rites secrets accomplis le second jour des Anthestéries par la Reine sont aussi des rites égyptiens. La preuve en est qu'elle était assistée de 14 γεραῖραι et que d'après l'Etym. mag. elle aurait sacrifié sur 14 autels ; or, Dionysos, d'après les Orphiques, a été déchiré par les Titans qui étaient au nombre de 14, et, si l'orphisme est récent, ce chiffre de 14 doit être ancien : il provient du culte d'Osiris, car ce dieu, d'après Plutarque et le rituel de Dendera, a été déchiré en 14 morceaux ; donc, nul doute, les rites mystérieux des Χόες consistaient à recoller les 14 morceaux du corps du dieu, qui renaissait ce seul jour-là, et une fois reconstitué « épousait » la Reine, comme Osiris épousait Isis, auguste cérémonie, prototype du mariage humain. Le dernier jour des Anthestéries, les Χύτροι, sont une fête encore plus manifestement égyptienne : le repas funèbre préparé dans les marmites est confié à Hermès Chthonios et à Dionysos (nommé par Didyme, mais non par Théopompe) — exactement comme les dévots égyptiens chargeaient Anubis et Osiris du soin de faire parvenir leurs offrandes aux habitants de l'Hadès.

Nous nous ferions un reproche de juger trop sévèrement toutes ces jolies choses. Il est évident que, comme dans son précédent mémoire sur les mystères d'Éleusis, comme Hérodote et Plutarque, dont il ne se lasse pas d'invoquer le « témoignage », M. F. n'a pas su résister aux séductions des « marmites d'Égypte ». S'il avait apporté à ces recherches d'origines la moitié du sens critique qu'il déploie dans l'analyse de la moindre inscription, il n'aurait pas tardé à se convaincre de la fragilité, de l'inanité de toutes ces constructions. Il n'y en pas une qui résiste à une discussion tant soit peu sérieuse. On est vraiment étonné de voir M. F. recourir à l'Égypte pour expliquer un rite aussi simple et aussi répandu dans toutes les religions gréco-orientales que la phallophorie, ou bien tomber en arrêt devant le nombre 14 qui lui paraît inexplicable dans le monde grec, alors que 14 n'est que deux fois 7 et que les philologues (Roscher dans le *Philologus* tome 60; Mikolajczak dans son *De septem sapientibus*, etc.), ont réuni tant d'exemples de l'emploi de ce nombre et de ses multiples dans les cultes grecs, particulièrement dans celui d'Apollon. Ajoutons qu'il n'y a pas une syllabe dans les textes relatifs aux Anthestéries qui permette de croire qu'il s'y agit d'une « réfection » du dieu mort; quand ce serait, l'idée de la renaissance ou du réveil périodique de Dionysos est si commune (Thrace, Phrygie, Delphes, Béotie, Rhodes, etc.) qu'il n'y a aucune raison d'aller en chercher l'explication... à Abydos. Dans la chaleur de la démonstration, M. F. en vient à fausser le sens des textes qu'il interprète : c'est ainsi que dans la fête des Marmites (Χύτροι) il n'est dit nullement que l'on *confie* à Hermès (et à Dionysos?) le repas destiné aux morts : les morts sont censés venir eux-mêmes prendre leur *olla podrida* (πανσπερμία), après quoi on les renvoyait chez eux, car je n'ai aucun doute que le proverbe se doive lire avec Photius θύραζε Κῆρες (et non Κᾶρες) οὐκέτ' Ἀνθεστήρια. Quant à Hermès (et Dionysos?) on se contentait de leur *sacrifier* ὑπὲρ τῶν τεθνεώτων.

N'insistons pas. Il y a assez de choses excellentes, fines et nouvelles dans le corps du travail pour nous consoler de défaillances qui, après tout, ne portent que sur l'accessoire. Mais nous ne saurions trop vivement désirer que M. F., s'il continue à s'occuper de mythologie, contemple avec moins de dédain les résultats de la méthode comparative et « anthropologique »; en s'y initiant, il apprendra par des centaines d'exemples que son principe que les rites doivent s'expliquer par « des faits de l'histoire du dieu » renverse exactement l'ordre des choses; ce sont au contraire les « faits » qui ont été imaginés pour rendre compte des rites. Ceux-ci ne sont le plus souvent que l'expression de très vieilles superstitions magiques, ou le produit et la mise en scène de la science pratique du sauvage qui veut contraindre ou concilier ses dieux; les générations plus cultivées ont continué à les observer par respect de la coutume sans en plus comprendre le sens originaire, profondément naïf et utilitaire; et sur ce fond très primitif, en Grèce comme en Égypte, mais sans lien d'emprunt entre les deux pays, la mythologie et la poésie ont brodé leurs fantaisies dorées. Le *folklorisme* n'est pas toute la mythologie, mais en dehors d'une étude attentive du *folklore*, aucune recherche d'histoire religieuse n'est plus possible.

T. R.

77. *J. FUEHRER und P. ORSI. Ein altchristliches Hypogeum im Bereiche der Vigna Cassia bei Syrakus*. Munich, 1902, in-4° 5 pl. Extrait des

Abhandlungen de l'Académie de Bavière.

Supplément très utile aux *Forschungen sur Sicilia sotterranea* du regretté Führer, parus en 1897 dans le même recueil. La nouvelle catacombe, fouillée par M. Orsi avec le soin minutieux qu'il sait apporter à ces travaux, est située, comme les autres catacombes de St Jean de Syracuse, dans le sous-sol de la Vigna Cassia. L'épigraphie n'est représentée dans la trouvaille que par quelques graffites grecs sans importance, mais les peintures, assez mal conservées, ne sont pas sans intérêt.

A. AUSWAHL.

78. S. JEBELEV. 'Αχαϊκά. *Etudes archéologiques sur la province d'Achaïe.* Pétersbourg, Skorochodov, 1903, in-8°, x-392 p. [en russe].

L'auteur *commence par examiner les* différents systèmes proposés au sujet de la constitution de la province d'Achaïe. Sa préférence paraît être pour celui qui considère la Grèce jusqu'au temps d'Auguste comme une simple dépendance du gouvernement de Macédoine. L'administration spéciale de la province d'Achaïe par Sulpicius Rufus en 46 avant J.-C. aurait eu un caractère exceptionnel, car encore en 43 la Macédoine, la Grèce et l'Illyrie paraissent réunies. Le territoire de la province d'Achaïe a d'ailleurs subi divers remaniements : adjonction de l'Étolie, disjonction de l'Épire, etc. L'auteur analyse assez longuement la composition territoriale de la province telle qu'elle résulte de la description de Ptolémée. A cette époque, toutes les Cyclades lui étaient rattachées, sauf Astypalée et Amorgos qui faisaient partie de la province d'Asie, mais au IIIe siècle la plupart des Cyclades formèrent une province distincte (*provincia insularum*); l'Achaïe garda l'Eubée,

Délos, et acquit par compensation Lemnos, Scyros et Imbros. L'Achaïe, province sénatoriale à l'origine (27 avant J.-C.) devint impériale en 16 après J.-C. Claude la restitua au Sénat, Néron proclama la liberté des Grecs, Vespasien rétablit la province et l'adjugea au Sénat : l'auteur accepte pour ce fait la date de saint Jérôme, 74 après J.-C. Aucun changement n'eut lieu jusqu'à Dioclétien.

M. J. passe en revue les différentes classes de cités renfermées dans la province : fédérées (Athènes, Thyrreion), libres (une quinzaine), tributaires. Il étudie en particulier le régime administratif de Sparte, qui peut servir de type pour les villes « libres », et dont les inscriptions font connaître les magistrats. Un appendice spécial est consacré à Euryklès, contemporain d'Auguste et fondateur de la fête des Eurykleia. Après les villes, M. J. examine et décrit les κοινά ou ligues cantonales, au nombre d'une dizaine et qui correspondaient à autant de sacerdoces communs de la famille impériale, sans préjudice de nombreux lieux de culte urbains ; la liste des empereurs divinisés, auxquels fut rendu un culte ici ou là, s'étend d'Auguste à Carus. En somme, Rome ne chercha pas à imposer ses institutions aux Grecs, elle respecta la πόλις, permit la reconstitution des ligues, maintint les magistratures traditionnelles, le droit et les mœurs indigènes. L'ouvrage se termine par une table alphabétique.

M. J. n'a pas renouvelé un sujet sur lequel, depuis les travaux d'Hertzberg et autres, il n'y a rien d'essentiel à découvrir, mais il a fait un travail consciencieux et bien documenté, qui aurait gagné à paraître dans un idiome plus accessible.

T. R. (d'après une analyse de
M. Silberstein).

79. *Georges LAFAYE. Les Métamorphoses d'Ovide et leurs modèles grecs.*

Paris, Alcan, 1904, in-8°, x-260 p. (Bibl. de la Faculté des lettres. XIX).

La question des sources grecques d'Ovide n'a jamais cessé d'être à l'ordre du jour; il ne semble pas que dans l'état actuel des documents elle puisse être résolue d'une manière tout à fait satisfaisante, car nous avons perdu à peu près tous les auteurs alexandrins qui ont pu servir de modèles au poète romain. Sans doute les indications marginales du recueil tardif d'Antoninus Liberalis nous indiquent que telle métamorphose avait été traitée par tel ou tel auteur plus ancien, et plusieurs de ces sujets se retrouvent dans Ovide.; mais les analyses d'Antoninus sont si sommaires qu'il est impossible, dans la plupart des cas, de déterminer l'étendue et le caractère exact des emprunts d'Ovide. M. Lafaye a mille fois raison de repousser toutes les théories arbitraires qui font de l'un ou l'autre de ces poètes la source exclusive des *Métamorphoses* latines; les contradictions même que l'on constate entre les versions d'un même mythe dans divers passages du poème d'Ovide suffisent à prouver qu'il n'a pas puisé à une seule source. Il s'est inspiré très rarement, ce semble, de Boéus et de Théodore, plus souvent de Nicandre, mais sans aliéner sa liberté de poète, recherchant les fables *rares*, ajoutant des péripéties de son cru, puisant ailleurs que dans des recueils de Métamorphoses, par exemple dans Homère, Callimaque, Euripide, les élégiaques alexandrins, sans compter Varron, auquel il paraît devoir ses éléments stoïciens et néo-pythagoriciens. M. Lafaye développe avec bonheur l'hypothèse que le *Gallus* de Varron a servi d'intermédiaire entre Posidonios et Ovide.

L'ouvrage de M. L. intéresse surtout la littérature romaine, mais comme à propos de chacun des aspects du poème d'Ovide — choix des fables, composition, idées et personnages, narration épique, tragédie et rhétorique, poésie romanesque, idylle, élégie, philosophie et science, légendes italiques — il remonte aux sources grecques, possibles ou certaines, d'Ovide, comme il les analyse avec autant de finesse que de clarté, son livre est aussi une contribution précieuse à l'histoire de la littérature grecque, principalement alexandrine; il en était d'ailleurs déjà ainsi de son précédent ouvrage sur *Catulle et ses modèles*. On retrouve dans l'*Ovide* comme dans le *Catulle* l'information très complète (parfois même trop complète, trop respectueuse des moindres conjectures des *di minores* d'outre-Rhin) qui caractérise la manière de M. Lafaye et qui s'allie à une critique judicieuse ainsi qu'à une rare distinction de forme.

T. R.

80. *Oskar NUOFFER. Der Rennwagen in Altertum.* Erster Teil, inaugural Dissertation, de Leipzig. Leipzig, Hallberg et Teubner, 1904, in-8, 88 p. et 8 planches.

Cette première partie de la monographie que M. N. se propose de consacrer au char de guerre et de course dans l'antiquité ne touche pas encore à la Grèce : il y étudie le char en Égypte, en Syrie, en Assyro-Babylonie (et non, comme il écrit, en Mésopotamie), en Perse et en Bactriane. C'est un travail soigneux, minutieux, copieusement illustré et où figure même (très imparfaitement reproduit) un monument inédit, le petit char en or de la Bactriane entré dans la collection Franks. M. N. distingue deux types de chars dans ces pays : le type ancien et lourd (*Kastenwagen*) qu'on trouve en Babylonie dès l'an 2000 (relief inédit du musée de Berlin), le type léger, originaire de Syrie, qu'adopta l'Egypte sous le nouvel empire. Le type ancien, un peu modifié, l'emporta en Assyrie, en Perse et en Phénicie; le type léger aurait été adopté par les Mycéniens qui le passèrent aux Grecs. Je suis un peu sceptique là-dessus et j'attends les preuves de cette filiation ; je ne sais pas pourquoi les Mycéniens, comme les Gaulois, n'auraient pas eu un chariot autonome.

H. G.

81. *E. PONTREMOLI et B. HAUSSOULLIER. Didymes*. Fouilles de 1895 et 1896. Paris, Leroux, 1903. Grand in-8°, 212 p., 20 planches.
B. HAUSSOULLIER. Etudes sur l'histoire de Milet et du Didymeion. Paris, Bouillon, 1902. In-8°, x-323 p.

Il ne reste plus que deux colonnes debout du temple décastyle de Didymes, que Cyriaque d'Ancône vit encore en entier, et qui fut depuis renversé par un tremblement de terre. Après Hugot (1820), Texier (1835), et surtout Rayet et Thomas (1873-5) dont les fouilles, entreprises aux frais des barons de Rothschild, ont enrichi le Louvre de deux bases magnifiques, MM. P. et H. ont bien mérité de cet édifice, l'un des plus vastes et des plus somptueux temples ioniques de l'Asie (façade, 50 m. de largeur; grands côtés, 108; hauteur des colonnes, 17 1/2). Le temple, dont la construction se répartit, avec de longs intervalles, sur près de 4 siècles, depuis Alexandre jusqu'à Caligula, ne fut jamais achevé, pas même la façade principale sur laquelle ont porté exclusivement les fouilles de MM. P. et H. Ils l'ont déblayée en entier, et les données obtenues permettent de la reconstituer sur le papier depuis le soubassement jusqu'à l'architrave (le fronton ne fut pas exécuté). La trouvaille la plus imprévue et la plus curieuse fut celle de deux chapiteaux, ornés, au centre, d'un boucrâne et aux extrémités de deux grands bustes d'Apollon et de Zeus qui se détachent en avant des volutes; c'est un arrangement d'un goût contestable, mais d'un puissant effet décoratif, où les auteurs reconnaissent l'époque (?) et l'influence du style pergaménien. En ce qui concerne le reste du monument, MM. P. et H. ont extrait, des inscriptions recueillies, d'utiles renseignements sur le pronaos fermé (appelé ici *prodomos*) et sur la salle de consultation de l'oracle ou *chresmographion*.

Les auteurs ont encadré l'exposé de ces résultats nouveaux entre un résumé succinct des travaux antérieurs et une histoire architecturale du temple. Ils soutiennent, contre divers interprètes de Vitruve, que Daphnis de Milet et Pæonios d'Éphèse sont bien les premiers architectes du *nouveau* Didymeion et non de celui qu'avaient brûlé les Perses. Pæonios avait dirigé les travaux du nouvel Artemision d'Éphèse, et ainsi s'explique l'étroite analogie de style entre les deux monuments, ce qui n'a pas empêché l'originalité et même la fantaisie de se déployer dans le détail de l'ordre. Dans un dernier chapitre les auteurs décrivent des fragments de sculpture et d'architecture recueillis çà et là au cours de leurs fouilles, entre autres deux beaux morceaux archaïques, un lion et une gorgone. L'ouvrage est illustré à la perfection d'héliogravures et de croquis qui mettent sous les yeux du lecteur l'aspect du terrain avant et après les fouilles, l'état actuel et les restitutions proposées. On sait que la récolte épigraphique de ces deux campagnes n'a pas été moins abondante que la récolte archéologique; l'un des auteurs, M. Haussoullier, en a tiré la matière de l'excellent volume où il a esquissé d'après les inscriptions l'histoire financière et politique du Didymeion à l'époque héllénistique et romaine.

Quel dommage que des considérations budgétaires n'aient pas permis de procéder aux coûteuses expropriations qui seraient nécessaires pour achever le déblaiement du temple ! On sait que les Allemands vont prendre au Didymeion la suite de nos affaires; nous leur souhaitons bonne chance, mais il est permis de regretter que la France ait laissé périmer des droits qu'elle tenait de deux explorations si bien conduites et si fécondes.

T. R.

82. *Salomon REINACH. Manuel de philologie classique.* 2ᵉ édition. Nouveau tirage. Augmenté d'une bibliographie méthodique de la philologie classique de 1884 à 1904. Paris, Hachette, 1904 in-8°, xxxiii-414 p.

L'auteur a reculé devant la tâche formidable d'une refonte complète de ce vademecum de tous les apprentis philologues. Il s'est contenté de corriger dans le texte un certain nombre de détails inexacts ou incomplets et a mis au courant quelques renvois par trop vieillis. Le grand service que rendra sous sa nouvelle forme le manuel de M. R., c'est de donner en dix-sept pages'une liste méthodique d'ouvrages publiés de 1884 à 1904 et nécessaires à toute bibliothèque philologique. Ce choix nous a paru réfléchi et judicieux dans sa sobriété, et le classement des livres recommandés est clair et méthodique. Notons pourtant quelques *desiderata* ou menues erreurs. Parmi les éditions de la *République athénienne,* celle de Blass, la plus importante, est omise ; p. xiii, lire : Oxyrhynchus Papyri I *à* III ; les Papyrus de Genève (de Nicole) méritaient une mention. Il n'est pas exact (p. xvi) que l'Académie de Berlin ait commencé un « corpus numismatique », son entreprise vise seulement les monnaies de la Grèce du Nord et de l'Asie Mineure (1) et rien ne permet de prédire qu'elle soit « vouée à l'insuccès ». Sous la rubrique « Philo-

(1) Le corpus des Monnaies' d'Asie-Mineure ferait double emploi avec le *Recueil Waddington,* qui a une priorité incontestée. Cette double entreprise académique constitue un gaspillage de travail et d'argent profondément regrettable.

sophie » est omis l'ouvrage capital de Gomperz. Le traité d'Aristoxène édité par Macran s'appelle *The harmonics* et non *The harmony.* Je n'ai trouvé nulle part citée la *Griechische Kulturgeschichte* de Burckhardt, ouvrage vieilli dès son apparition, mais intéressant.

H. G.

83. *Salomon REINACH. Répertoire de la statuaire grecque et romaine.*Tome III. Paris, Leroux, 1904 ; in-12 carré, xv-371 p.

Ce nouveau volume de l'indispensable répertoire de M. Reinach ne contient pas moins de 2640 statues antiques reproduites en zincogravure. L'auteur a donc réuni en quelques années près de quinze mille sculptures grecques et romaines. L'utilité d'un pareil corpus — ou, comme l'appelle modestement l'auteur, « rudiment de corpus » — est trop universellement appréciée pour que nous ayons besoin d'y insister.

Des statues publiées dans le t. III un grand nombre sont inédites : beaucoup ont été photographiées en Italie par M. Déchelette; d'autres, en grand nombre, ont été dessinées dans des collections particulières françaises par l'infatigable fureteur qu'est M. l'abbé Breuil. Signalons parmi les nouveautés: les bronzes d'Émile Zola (aujourd'hui chez M. Joseph Reinach) ; les bronzes du musée de Rouen, tous inédits ; nombre de bronzes acquis par le Louvre aux cours de ces dernières années et dessinés au fur et à mesure par M. Reinach; les deux beaux colosses en marbre trouvés à Alexandrie par l'expédition d'Égypte, abandonnés à l'Angleterre en 1902 et qui depuis lors, placés en évidence dans le vestibule du British Museum, attendaient patiemment un éditeur (p. 160, nn. 3 et 7) ; une série de chats en pierre trouvés à Bubastis (p. 213) ; toute une ménagerie d'animaux, quelques-uns fort curieux, entre autres un éléphant de Cologne, le crocodile Dutuit (il y en a deux autres fort beaux au Vatican) et un paon du Vatican.

Deux énormes index terminent le volume. Le premier contient une liste par types des 1500 statues contenues dans les trois volumes du répertoire; le deuxième reproduit la même liste par *musées* ou *collections* et permet ainsi de savoir quelles sont les statues publiées d'un musée que l'on visite. C'est ainsi que je vois que le musée de Pesaro manque et de même Urbino, où il y a pourtant une douzaine de statues antiques, d'ailleurs médiocres. Bologne, *qni est très riche, figure pour quatre statues seulement.* Il eût peut-être été utile de distinguer par un caractère typographique les noms de musées et de localités de ceux des collectionneurs ou premiers éditeurs. Des juxtapositions comme Piot, Pirée, Piscatory, Pise, Plittersdorf peuvent déconcerter même des archéologues exercés.

Ad. AUSWAHL.

---

84. R. REITZENSTEIN. Poimandres. Studien zur griechisch-ägyptischen und frühchristlichen Literatur. Leipzig, Teubner, 1904, in-8°, VIII-382 p.

« Poimandrès » est le titre général sous lequel on réunit quelquefois (et à tort) l'ensemble des écrits théosophiques attribués à Hermès Trismégiste, qui ont surgi dans les derniers temps de l'hellénisme, par la fusion de la pensée grecque avec les courants orientaux. Ces écrits ont été conservés par un seul manuscrit qui, au XIe siècle, fut retrouvé et propagé par Michel Psellus. Leur influence sur le développement des pseudo-sciences du moyen âge (alchimie, astrologie, médecine superstitieuse, etc.), a été considérable; plus considérable encore leur influence sur les humanistes au XVIe siècle. Il n'y a pas longtemps que Louis Ménard les a traduits et ingénieusement commentés chez nous. M. R. a repris l'étude de cette obscure littéra-

ture, d'une part en s'aidant de documents égyptiens et chaldéens qui lui ont été expliqués par des savants compétents, d'autre part en poussant plus loin le dépouillement de la littérature gréco-latine. Le 1er chapitre étudie l'âge du Poimandrès, qui aurait été rédigé avant la fin du IIe siècle ; puis vient (ch. II) l'analyse et la détermination des interprétations ; l'étude des idées fondamentales de cette compilation (ch. III) en remontant jusqu'à une inscription hiéroglyphique du VIIIe siècle. Le chapitre IV rapproche le Poimandrès de la littérature apocalyptique égyptienne, le chapitre V en étudie la propagation. Le chapitre VI s'occupe du corps hermétique (18 morceaux); le chapitre VII de son influence sur le gnosticisme. Suivent cinq appendices et un supplément où l'auteur réédite les p. 1-18, 114-128 de l'édition de Parthey et publie la fin du corpus hermétique omise par celui-ci.

H. G.

---

85. STOICORUM veterum fragmenta. Collegit *Ioannes ab Arnim.* Vol. II, 348 p., vol. III, 270 p. Lipsiae, Teubner. 1903, in-8°.

Ce n'est pas trop de la collaboration de toute une pléiade de savants pour nous doter enfin du recueil complet des fragments des philosophes grecs, vainement tenté par Mullach, et qui doit servir de base à l'histoire définitive de la philosophie antique. Pendant que M. Diels s'est chargé des Présocratiques, M. d'Arnim a pris en main les stoïciens, et il nous apporte aujourd'hui deux forts volumes consacrés presque tout entiers au fécond Chrysippe. Le tome II contient les fragments logiques et physiques, au nombre de 1216, le tome III les fragments moraux et « homériques » au nombre de 777. Ces chiffres sont imposants et attestent l'importance du dépouillement opéré par M. de A. à travers les auteurs et les papyrus; il faut dire qu'il n'a pas hésité à mettre sous le nem de Chrysippe pas mal de citations ou d'opinions attribuées simplement à οἱ Στωιχοί. L'établissement du texte a été l'objet de soins attentifs; dans bien des cas M. de A. l'a amélioré par d'heureuses corrections ou élucidé par des notes discrètes. La disposition adoptée pour les fragments est l'ordre des matières philosophiques : *Physicae fundamenta, De mundo, De caelestibus... De fine bonorum... De virtute, De iure et lege...* C'est certainement l'ordre le plus instructif et le seul d'ailleurs qu'on pût suivre pour l'immense majorité des fragments qui nous sont parvenus sans indication précise de provenance; le seul inconvénient c'est que certains textes, de sujet composite, se trouvent ainsi morcelés entre plusieurs chapitres. Un appendice (III, 194 suiv.) donne la répartition des fragments connus entre les différents ouvrages de Chrysippe, avec renvoi précis au n° et à la page sous lesquels on les trouvera reproduits ; c'est dans cet appendice que l'auteur a inséré, à leur place, les quelques fragments qui n'ont pas un objet proprement philosophique. A la suite des fragments de Chrysippe on lit ceux de ses disciples et successeurs immédiats : Zénon, Antipater et Archédémos de Tarse, Diogène de Babylone, Apollodore de Séleucie, Boéthos de Sidon, etc. Je remarquerai à ce sujet que le fragment 66 de Diogène de Babylone (Philodème, *De Mus.*, p. 14) offre une frappante ressemblance avec Plut. *Mus.* 26; ou les deux auteurs ont puisé à la même source (Aristoxène?) ou Plutarque a copié Diogène; mais dans ce cas les « citations » de Philodème ne seraient que des analyses sommaires.

T. R.

86. *F. STUDNICZKA, Tropaeum Traiani.* Leipzig, Teubner, 1904, grand in-8°, 152 p., 86 gravures.

Quoique ce volume ne rentre pas strictement dans le cadre de notre Revue, il y touche de si près que nous nous faisons un devoir de le signaler aux archéologues, ne fût-ce que pour encourager l'auteur à la réciprocité. Le grand monument d'Adam Klissi (dans la Dobroudja), depuis sa publication par Niemann, Benndorf et Tocilesco a donné lieu à des controverses acharnées, les éditeurs y voyant l'œuvre de Trajan (dont l'édifice porte la dédicace), Furtwängler celle de M. Licinius Crassus (28 av. J.-C.) après sa victoire sur les Bastarnes : Trajan n'aurait fait que restituer l'œuvre de son prédécesseur. M. S., après une analyse très approfondie de l'architecture et de la sculpture du *Tropaeum*, donne raison à Niemann et consorts. Comme l'art romain provincial et légionnaire est en réalité un art international, on ne s'étonnera pas que dans le grand nombre de monuments invoqués comme parallèles par la vaste érudition de M. S. il s'en rencontre de l'Orient grec tout aussi bien que de l'Italie, de l'Afrique ou de la Gaule. L'« art d'empire » de M. Wickhoff apparaît ici par un de ses côtés les moins séduisants, mais les plus intéressants pour l'histoire générale de la civilisation gréco-romaine.

T. R.

87. *J. VENDRYES. Traité d'accentuation grecque.* Paris, Klincksieck, 1904, in-12, xviii-276 p.

Ce livre manquait à notre littérature grammaticale, car, dans nos grammaires grecques, les règles sur les « accents » sont à la fois dispersées et sommaires ; il en est d'ailleurs de même dans les grammaires publiées à l'étranger, même celle de Kühner-Blass. M. Vendryes, à la fois helléniste et linguiste, mais surtout linguiste, nous apporte un exposé très clair, très complet du sujet, parfaitement à hauteur de la science (par exemple pour la théorie des proclitiques, due à M. Wackernagel). Le gros texte répond aux besoins pratiques, le petit texte fournit les éclaircissements théoriques et les rapprochements nécessaires avec les faits de l'accentuation védique, slave, lituanienne et germanique. La nature expressive et « psychologique » de l'accent tonique, sa délicate appropriation aux différentes formes verbales, son rôle dans la phrase dont la dégradation des oxytons en barytons fortifie l'unité; tout cela est bien mis en lumière ; l'étude d'un sujet au premier abord très aride prend par moments, grâce à la comparaison, au groupement et à la juste intelligence des faits, un véritable intérêt philosophique.

L'auteur s'occupe principalement de l'accentuation de la κοινή, la seule que nous connaissions par des témoignages directs ; mais il consacre aussi des remarques et un chapitre entier (p. 255 suiv.) à celle des dialectes. Les papyrus à accents *isolés* sont plus nombreux qu'il ne semble résulter de la p. 6, celui d'Hérondas méritait quelques indications. De même ce que M. V. dit p. 16 suiv. des compositions musicales est incomplet et parfois inexact : il n'existe pas d'hymne de « Denys », et l'hymne (ou plutôt les deux préludes) jadis attribué à ce musicien n'est pas de l'époque des Antonins. Où M. V. a-t-il vu (p. 21) que τὸ ἐναρμόνιον désigne en grec « l'accord parfait? » (1) Il persiste à parler (p. 25, etc.) de l' « ictus ou temps fort quantitatif », notion inconnue à la rythmique grecque, peut-être même à la langue classique. Nous ne parvenons pas à comprendre comment l'auteur (p. 42) concilie sa théorie (qui est celle de Wackernagel) de la disparition complète de l'élévation finale dans les barytons avec les témoignages des hymnes delphiques, où ces finales — quoique subordonnées à la tonique du mot suivant — sont traitées *dans le mot même* comme les finales aiguës proprement dites (I, 50 ἀτμὸς, 53 λιγὺ, λωτὸς, 51 ὠιδὰν, II 43 αἰθὴρ, 61 κλυτὰν, 111

ἀμφὶ, 124 ἀλλὰ (1), etc.) : dans tous ces cas la mélodie monte sur la finale, dans aucun elle ne descend. Dire que « par le fait même qu'elle était capable dans des conditions données de s'élever — cette syllabe avait *pour la conscience du sujet parlant* une importance particulière » c'est tomber dans le mysticisme grammatical. L'opinion des grammairiens pèse peu de chose auprès du témoignage des hymnes. Pourtant je crois que la προσῳδία μέση, d'Aristote et de Tyrannion désigne précisément cet accent atténué de la finale liée; l'explication proposée par M. V. (§ 45 : τὸ μέσον désignerait chez Aristote la circonflexe) fait violence à la langue. L'observation (§ 50) que dans les hymnes delphiques « le groupe voyelle brève + λ, μ, ν » peut se scinder en deux sons, aurait besoin d'être complétée, car on trouve aussi I 22 πετερας (= πεέτρας), 54 λωτοὸς. §§ 46 et 55 il est question de la *more*, barbarisme inconnu de la nomenclature antique et qui a pour origine une bévue d'Hermann. § 65. δοῦναι est par δόϝεναι (cf. § 165) non δοϝέναι. § 204. ὁδός est cité parmi les masculins. §§ 246 suiv. Les règles d'accentuation des composés ont été présentées plus simplement par Meillet, *Rev. crit.*, 1904, II, 488.

T. R.

88. *P. WILSKI. Klimatologische Beobachtungen auf Thera.* I. *Die Durchsichtigkeit der Luft über dem Aegæischen Meere nach Beobachtung der Fernsicht von der Insel Thera aus* (fascicule IV, 1 du *Thera* de Hiller von Gaertringen). Berlin, G. Reimer, 1902. In-4°, 51 p. et 3 planches.

Les observations de M. Wilski ont été faites à l'occasion des belles fouilles de Hiller von Gaertringen dans les

(1) Cet exemple prouve qu'il n'est pas exact de dire (§ 75) que dans ce mot l'accent final « n'a pas de valeur ».

années 1896 et suivantes; leur siège était un observatoire météorologique installé sur la crète du Messavouno et d'où l'on découvre un horizon de 280°. Elles ont porté principalement sur les circonstances météorologiques (variations barométriques et hygrométriques, *poussières du désert*), etc., qui modifient la transparence de l'atmosphère, pour laquelle les Cyclades sont célèbres. Il est à remarquer que la transparence, qui augmente avec les fortes pressions, peut aussi accompagner les cyclones, à la condition que les courants supérieur et inférieur soient de même sens; dans le cas contraire, la couche inférieure est obscurcie. Des statistiques et des graphiques d'une exécution parfaite font de cette monographie une précieuse contribution à la climatologie de la Grèce. Il est juste d'y mentionner la collaboration de M. Vassiliou, directeur de la station météorologique de Phira.

BONTARS.

89. Extraits et tirages à part.

J. BIDEZ. Notes sur les lettres de l'empereur Julien. Bruxelles, Hayez, 1904 (extr. des Bull. de l'Acad. de Belgique). In-8°, p. 493-506.

[Plusieurs corrections intéressantes tirées soit des manuscrits, soit de la conjecture. Ep. 27, p. 518 Hertlein, τὴν δὲ αἰτίαν αὐτὸς μὲν <εὖ> οἶδ' ὅτι συνείρεις (vulg. συνήδεις)... Ἰαμβλίχου τοῦ θεωτάτου τὸ θρέμμα Σώπατρος <ἐγένετο> τούτου κηδεστὴς · ἐξ ἴσου (ὅσου vulg.) ἐμοί, etc. (l'hôte de Julien était donc simplement un allié de Sopater). Ep. 38, p. 534, εἴτε ψυχικῶν (vulg. ψυχρὸν τῶν) παθῶν. Ep. 42, p. 545, καὶ μὴ μαχόμενα οἷς (vulg. τοῖς) δημοσίᾳ μεταχειρίζονται (μεταχαρακτηρίζοντας vulg.). Rh. Mus., 1887, 25, τὰ Ἰαμβλίχου πάντα μοι τὰ εἰς τὸν ὁμώνυμον <μου>ζήτει. (Il s'agit de Julien ὁ Χαλδαῖος, Julien le Théurge).

Plus loin περὶ δὲ τὸν ὁμώνυμον ἐν θεοσοφίᾳ μενοινῶ (μενοινᾷς cod.). M. Bidez paraît ignorer que le discours de Psellos du Paris. 1182 a paru *in extenso* dans la *Revue*. Ce n'est d'ailleurs pas dans ce discours que se trouve le texte cité, mais il y est également question de Julien, p. 391 Bréhier.]

Hubert DEMOULIN, La tradition manuscrite du Banquet des Sept Sages (extr. du Musée Belge, VIII, 274-288). In-8°, Louvain, Peters, 1904.

[Bernardakis n'avait consulté que 8 manuscrits de ce traité (n° 31). M. D. en a collationné 22. Il les décrit, étudie leurs rapports et les groupe en 3 classes suivant qu'ils représentent la tradition du recueil de Planude, ou une autre tradition (β), ou une contamination des deux. Le groupe β serait le plus autorisé; son meilleur représentant est le Palatinus 153 (Heidelberg). M. D. justifie sa préférence par de nombreux exemples, mais annonce que dans les passages corrompus ses collations ne lui ont pas fourni de leçons nouvelles.]

C. JOERGENSEN. Notes sur les monnaies d'Athènes (extrait du Bulletin de l'Acad. de Danemark, 1904, n° 5, p. 307-328).

[M. J. croit que le ch. x de l'Ἀθ. Πολ. doit s'interpréter ainsi : la mine *avant Solon* pesait autant que 70 drachmes *soloniennes;* jusqu'à Solon la pièce courante était le didrachme (éginétique), c'est Solon qui aurait créé le tétradrachme (attique). Le talent monétaire valait 63 mines, le talent commercial 60 seulement. Toutes ces propositions me paraissent inexactes. En revanche, M. J. me paraît bien interpréter les légendes des poids attiques (Pernice, p. 31), ἥμισυ ἱερόν, et δεκαστάτηρον : elles prouvent que la double mine et le tétradrachme s'appelaient l'un et l'autre officiellement στατήρ. — Dans une note finale, M. J. montre que la prétendue drachme de Conon au musée de Copenhague n'est qu'un faux moderne.]

Karl KRUMBACHER. Die Akrostichis in der griechischen Kirchenpoesie (extrait des Sitzungsberichte de l'Acad. de Bavière, 1903, p. 551-591).

[Édition critique de toutes les notices relatives à des acrostiches contenues dans des intitulés d'hymnes, et rapprochement avec les indications fournies par le texte de l'hymne lui-même ; en cas de conflit, l'intitulé, qui représente une tradition plus ancienne, mérite la préférence. Le 2° chapitre dénombre et étudie les formes régulières et irrégulières de l'acrostiche. Le 3° analyse, à titre de spécimen, « la Vierge au pied de la croix » de Romanos : la strophe 6 *bis* ἐν τούτοις τοῖς λόγοις, que présentent quelques manuscrits, est l'œuvre d'un interpolateur choqué par la graphie ταπινοῦ de l'acrostiche primitif.]

Roberto de RUGGIERO. Studi papirologici sul matrimonio e sul divorzio nel Egitto greco-romano (Extr. du *Bull. dell Instituto di diritto romano*, XV). In-8°, 104 p.

[Le contrat de mariage gréco-égyptien, comme le contrat macédonien, est essentiellement dotal, à la différence du contrat égyptien indigène qui repose sur l'apport du mari. Les dots mentionnées dans les contrats sont réelles et non, comme on l'a prétendu, des donations déguisées du mari. De la *donatio ante nuptias* il n'y a qu'une trace (Pap. Rainer, I, 30), d'époque byzantine. M. de R. s'occupe ensuite du mariage ἄγραφος ; (mariage à temps, sans dot, et où l'écrit n'est pas nécessaire), du divorce et de la restitution de la dot. L'auteur réimprime intégralement la plupart des contrats de mariage grecs conservés par les papyrus, mais néglige à peu près les démotiques pour lesquels il n'a pas de compétence spéciale. Trop de fautes d'impression.]

ADDENDA ET CORRIGENDA

Revue, p. 248, 7e ligne du bas (décrets d'Amorgos), lire : commencement d'un décret relatif à la réparation d'un sacrilège accompli dans le temple de Déméter *Démotélès*.

TABLE DES MATIÈRES

PARTIE ADMINISTRATIVE

	Pages.
Statuts de l'Association	I
La médaille de l'Association	IV
Souscription permanente pour l'illustration de la *Revue*	V
Assemblée générale du 5 mai 1904	VI
Allocution de M. Edmond Pottier, président	VI
Rapport de M. Am. Hauvette, secrétaire	XV
Rapport de la Commission administrative	XXXI
Causerie de M. Roujon sur l'inauguration du Musée de Delphes	XXXVII
Membres fondateurs de l'Association	XLI
Membres fondateurs pour les *Monuments grecs* et l'illustration de la *Revue*	XLIII
Anciens Présidents de l'Association	XLIV
Bureau, Comité, Commissions	XLV
Membres donateurs	XLVI
Liste générale des membres au 1er décembre 1904	LIV
Sociétés correspondantes, périodiques échangés	LXXIII
Prix décernés dans les concours de l'Association	LXXV

PARTIE LITTÉRAIRE

Louis Bréhier	Un discours inédit de Psellos (suite)	35
A.-E. Contoléon	Inscriptions grecques d'Europe	1
A.-E. Contoléon, S. et Th. Reinach	Inscriptions des îles	196
Maurice Croiset	Le *Dionysalexandros* de Cratinos	297
Franz Cumont	Nouvelles inscriptions du Pont	329
Paul Girard	La trilogie chez Euripide	149
Paul Guiraud	Discours prononcé aux obsèques de Paul Tannery	393
K. Krumbacher	Les manuscrits grecs de la bibliothèque de Turin	12

33

Ph.-E. Legrand............ Pour l'histoire de la comédie nouvelle..   311
Jules Nicole .... Un fragment des Ætia de Callimaque...   215
H. Omont................. I. La collection byzantine de Labbe et le
                     projet de J. M. Suarès..............   18
      —   II. Du Cange et la collection byzantine
                     du Louvre...., ...   33
      —   Un manuscrit des œuvres de S. Denys
                     l'Aréopagite.........................   230
      —   Portraits des Comnène................   361
P. Perdrizet .... Isopséphie.........................   350
Salomon Reinach........... Voir Contoléon ....
Théodore Reinach.......... Catulus ou Catilina?..................   5
Paul Tannery.............. Les Cyranides....................   335
      —   Discours prononcé au banquet de
                     Genève............................   396

CHRONIQUE

A. de Ridder.............. Bulletin archéologique................   75
T. R(einach).............. Post-scriptum........................   109
Th. Reinach.............. Bulletin épigraphique................   237
J. Guillebert.............. Courrier de Grèce....................   374
Actes de l'Association, livres offerts............................   266, 399

BIBLIOGRAPHIE

Bibliographie annuelle des études grecques (C.-E. Ruelle)...........   407
Comptes rendus bibliographiques........................... 123, 270, 379, 471
Additions et rectifications.. 296, 392, 488

Bon à tirer donné le 17 février 1905.
Le rédacteur en chef-gérant, Théodore REINACH.

Le Puy, imp. Marchessou. — Peyriller, Rouchon et Gamon, successeurs.

TABLE DES MATIÈRES

PARTIE ADMINISTRATIVE

Pages.

Causerie de M. Roujon sur l'inauguration du musée de Delphes ... XXXVII
Membres fondateurs de l'Association ... XLI
Membres fondateurs pour les Monuments grecs et l'illustration de la Revue ... XLIII
Anciens présidents de l'Association ... XLIV
Bureau, comité, commissions ... XLV
Membres donateurs ... XLVI
Liste générale des membres au 1er décembre 1904 ... LIV
Sociétés correspondantes, périodiques échangés ... LXXIII
Prix décernés par l'Association ... LXXV

PARTIE LITTÉRAIRE

Paul GUIRAUD. — Discours prononcé aux obsèques de Paul Tannery ... 393
Paul TANNERY. — Discours prononcé au banquet de Genève ... 396

CHRONIQUE

Actes de l'Association. Ouvrages offerts ... 399

BIBLIOGRAPHIE

Bibliographie annuelle des Études grecques, par C.-É. RUELLE ... 407
Comptes rendus bibliographiques ... 471
Addenda et corrigenda ... 488
Table des matières du tome XVII ... 489

Le Comité se réunit le premier jeudi non férié de chaque mois, excepté en août, septembre et octobre. Tous les membres de l'Association peuvent assister aux séances avec voix consultative.

La Bibliothèque de l'Association, 12, rue de l'Abbaye, est ouverte le jeudi de 3 h. 1/2 à 4 h. 1/2, et le samedi de 2 à 5 heures.

La *Revue des Études grecques* est publiée quatre ou cinq fois par an.

Prix d'abonnement : Paris ... 10 »
Départements et étranger ... 11 »
Un numéro séparé ... 2 50

La *Revue* est envoyée gratuitement aux membres de l'Association pour l'encouragement des études grecques.

Le Puy, imp. Marchessou. — Peyriller, Rouchon et Gamon, sucrs.

www.ingramcontent.com/pod-product-compliance
Lightning Source LLC
LaVergne TN
LVHW080218200726
843507LV00006B/1027